Luigi Merola

Forcella
tra inclusione ed esclusione sociale
L'impegno della Chiesa

Prefazione del Cardinale Crescenzio Sepe

Guida

In copertina:
foto di Lorenza Magliano
In quarta di copertina:
foto di Francesco Pischetola

I ristampa

Via Port'Alba, 19 - Napoli

www.guidaeditori.it
elites@guida.it

Il sistema di qualità della casa editrice
è certificato ISO 9001/2000

ISBN 978-88-6042-370-2

Una città in cui anche solo un uomo soffre meno
è una città migliore

Luigi Di Liegro (1928-1997)

Indice

Prefazione

La Chiesa è chiamata a «conoscere e comprendere il mondo in cui viviamo, nonché le sue attese, le sue aspirazioni e la sua indole spesso drammatiche» (*Gaudium et spes* n. 4). Conoscere l'uomo e ascoltare il suo grido di aiuto e di bisogno, rientra nel ministero pastorale di ogni sacerdote e nell'azione missionaria di ogni battezzato.

La Chiesa, attraverso il suo impegno sociale, che non è finalizzato a sostituirsi agli organi preposti alla tutela dei diritti del cittadino, si incarna là dove c'è l'uomo per *farsi tutto a tutti per guadagnare qualcuno a Cristo* (1 Cor 9,22).

«Le gioie e le speranze, le tristezze e le angosce degli uomini di oggi, dei poveri soprattutto e di tutti coloro che soffrono, sono pure le gioie e le speranze, le tristezze e le angosce della Chiesa».

Così scrive il Concilio Vaticano II nella sua costituzione pastorale sul ruolo della Chiesa nel mondo contemporaneo.

Il grido dei poveri, degli ultimi non è un grido davanti al quale si può restare indifferenti.

Ma spesso, il solo pane quotidiano non basta e, talvolta, sfama solo temporaneamente. La gente, più che di sicurezze, che pur devono essere garantite, ha bisogno di certezze.

Per condividere in tutto il cammino dell'uomo, Dio si è fatto uomo, ha parlato un linguaggio umano, si è sottoposto alla caducità del tempo e dello spazio.

Per cui, la Chiesa, seguendo la logica dell'Incarnazione, non disdegna di toccare con mano le miserie, i drammi, le paure della creatura per elevarla alla dignità del suo Creatore.

Proprio come fa il contadino, bisogna preparare il terreno, renderlo «capace» di accogliere il buon seme della «Parola», per farlo poi fruttificare. Quest'opera si qualifica come Pre-evangelizzazione, che attraverso il rapporto interpersonale, l'amicizia, il dialogo, la solidarietà crea quei ponti umani per far passare la Buona Novella del Regno.

Questo amore per l'uomo ha spinto la comunità parrocchiale di S. Giorgio Maggiore, nel rione di Forcella, ad essere un faro e un punto di riferimento, «una casa tra le case degli uomini».

Gesù è venuto per portare il fuoco sulla terra, per vincere la tiepidezza e riscaldare i cuori. Lui ha salvato l'uomo, tutto l'uomo; a redimere il tempo, a riqualificare gli spazi vitali.

Sapere che nella parrocchia di Forcella, come in tutte le altre Comunità parrocchiali della Diocesi ci sono sacerdoti, religiose e religiosi, laici impegnati che, come ho scritto nel mio messaggio alla città nel giorno di S. Gennaro, «hanno saputo trasformare le loro parrocchie in Oasi di accoglienza e di solidarietà nel deserto della povertà, della violenza, dell'abbandono», rende più bello il volto della Chiesa.

Dal lavoro di don Luigi Merola emerge un'attenzione per i bambini, specie quelli che vivono un disagio familiare, dovuto a tante cause svantaggiose. Prendersi cura di loro, infatti, infondendo speranza e non illusione, è la terapia giusta per sottrarli alla strada e alle file della criminalità organizzata. La peculiarità di questa ricerca è racchiusa in due verbi: studiare e analizzare. L'autore, infatti, è stato insieme ricercatore e ha vissuto in prima persona in questo contesto di degrado e di povertà assoluta, che lo ha portato a conoscere le dinamiche dell'esclusione sociale per poter poi agire meglio pastoralmente, creando e diffondendo una nuova mentalità.

Dai risultati, ottenuti in questi anni di impegno pastorale a Forcella, emerge un dato importante e cioè che la Chiesa, servendo questo quartiere, ha risvegliato anche la comunità civile, favorendo una cittadinanza attiva e responsabile; ha aiutato a fare rete tra le realtà del volontariato e le istituzioni presenti sul territorio, a cominciare dalla scuola.

Da qui si evince chiaramente che Evangelizzazione è promozione umana.

Crescenzio Card. Sepe
Arciv.

Introduzione

Questo studio nasce dalla esperienza di pastore di anime sul territorio di Forcella, un rione famoso a Napoli per il suo alto tasso di criminalità.

Nell'analisi delle dinamiche e dei fatti che racconteremo emerge un quadro abbastanza chiaro: Napoli non è un problema di «pacchetto sicurezza», ma di «welfare, di lotta alla povertà» (Lamberti A. 2006, 121).

Delinquenti non si nasce, si diventa: perché si nasce in una certa famiglia; perché si cresce in un certo quartiere; perché si viene buttati fuori dalla scuola; perché la vita ti insegna che solo con la violenza puoi sopravvivere; perché la strada ti fa incontrare amici e compagni, maestri di raggiro e professori di scaltrezza, cani sciolti e camorristi; perché la camorra, o meglio, il sistema di «imprese criminali» (cfr. Lamberti 2006, 19), offre mille opportunità di fare soldi; perché, come vedremo nel quarto capitolo, «nessuno altro ti offre niente».

Con lo spirito costruttivo, unicamente per tornare a riflettere, in questo lavoro c'è la voglia di raccontare un'esperienza vissuta attraverso persone che lavorano e vivono ogni giorno lottando contro la marginalità, il disagio e il degrado.

Lo abbiamo fatto approfondendo il concetto di esclusione sociale, raccogliendo i dati del quartiere e ascoltando le persone escluse da ogni parametro di vivibilità con un campionamento di 10 famiglie che vivono sul territorio. Infine, abbiamo seguito il lavoro dei protagonisti del riscatto: la Chiesa, le Associazioni, la Scuola, i Servizi Sociali.

L'esclusione sociale

1

Il concetto di «esclusione sociale» ha conquistato, soprattutto in Europa negli anni Novanta, una grande diffusione, ricevendo una legittimazione internazionale in occasione del Summit Sociale organizzato dalle Nazioni Unite a Copenaghen nel 1995.

È la tradizione francese ad aprire la strada alla nascita del concetto, che dopo essersi diffuso nell'ambito dell'Unione Europea, dove le politiche del welfare sono particolarmente praticate e radicate nella tradizione culturale, si è affermato nel resto del mondo grazie all'*International Labour Office* (ILO). La letteratura sociologica sul tema della deprivazione ha prodotto una pluralità di riflessioni e di concetti. Non è facile trovare, perciò, una definizione univoca o che veda d'accordo tutti.

La ricostruzione del concetto di esclusione sociale, comunque, ci aiuterà a comprendere meglio il «focus» della ricerca, il quartiere Forcella di Napoli e, di conseguenza, capire le dinamiche di un degrado che ha tolto ogni speranza ad una popolazione che, dopo l'omicidio della giovane innocente Annalisa Durante avvenuto il 27 marzo 2004, vuole risorgere.

Nel paragrafo seguente presenteremo una prima definizione e una genesi del concetto di esclusione sociale. Nel successivo parleremo di come nasce tale concetto e infine del significato che diamo noi oggi all'espressione «esclusione sociale».

Una prima definizione

In questa ricerca possiamo partire dalla ricostruzione storica e culturale fatta da Gennaro Iorio nel testo *La po-*

vertà (Armando Editore, 2001). Una prima definizione ufficiale la troviamo nel 1995 da parte della EFILWC, che vede nella rottura dei legami sociali un elemento caratterizzante l'esclusione sociale, intesa come quel *processo attraverso il quale individui o gruppi sono completamente o parzialmente esclusi dalla piena partecipazione nella società nella quale vivono* (EFILWC 1995,4).

Questo riferimento concettuale trova riscontro in uno dei maggiori autori sul tema, G. Room, che evidenzia l'elemento relazionale che caratterizzerebbe e definirebbe il concetto in questione: *Tale nozione di esclusione sociale è centrata in primo luogo sulle questioni relazionali, in altre parole sulla inadeguata partecipazione sociale, su una debole integrazione sociale e sulla mancanza di potere* (Room 1995, 6).

Come afferma Iorio: *L'enfasi posta dalla definizione sulla debolezza, presa in considerazione fino alla rottura dei legami, pone due questioni: la prima questione è: esclusi da che cosa?* Le risposte che la letteratura propone sono molteplici e per questo scarsamente definite. Si risponde, di volta in volta, facendo riferimento alle aspettative di vita, alla sicurezza, al lavoro stabile, all'istruzione, alla proprietà, alla casa, ad un livello minimo dei consumi, alla partecipazione democratica, alla famiglia, alle reti sociali più o meno presenti, alle risorse pubbliche (cfr. CESIS 1997).

Una seconda questione, meno discussa in letteratura, è la seguente: Chi esclude? Le persone e i gruppi possono escludere dall'accesso alle risorse altri gruppi e altre persone. I proprietari terrieri possono escludere altri dall'accesso alla proprietà, le élites politiche possono impedire la partecipazione democratica, ecc. Anche questa dimensione di analisi rimane in tale approccio poco chiarita. Si potrebbero presentare altre esemplificazioni, dal momento che, in linea di principio, l'esclusione è un processo, teoricamente presente a tutti i livelli delle gerarchie sociali. Secondo Jordan, infatti, la formazione dei gruppi sociali è la caratteristica fondamentale della società umana e questo processo è solitamente accompagnato e definito dalla esclusione degli altri: *Esclusione e inclusione sono il futuro universale della interazione sociale e le istituzioni servono a strutturare questi processi, oltre lo stato, il mercato e le associazioni civiche* (cfr. Jordan 1996, 39).

Il concetto è stato utilizzato in molte situazioni e con svariate variabili, con molti punti in comune, a cominciare sempre dalle relazioni sociali, che restano il cardine principale.

Per cominciare, l'esclusione si contrappone sempre al concetto di integrazione e interessa diversi ambiti come quello economico, sociale e politico.

Come afferma Whelan, la sua analisi va oltre i meccanismi di allocazione delle risorse e include le relazioni di potere, le risorse culturali e l'identità sociale. Inoltre per definire l'esclusione dobbiamo tener conto della sua dimensione statica e dinamica. Se è vero, infatti, che dobbiamo sempre partire dalle situazioni in cui le persone si trovano ad essere escluse, nell'esprimersi della povertà prevale l'aspetto dinamico. Infine, come riportato da Kristensen, questo concetto enfatizza il ruolo strategico della dimensione locale, sia nella versione dell'esclusione dalla comunità di appartenenza, sia per quanto riguarda le politiche di reintegrazione (cfr. Kristensen 1995, 146-147). Ma tutto ciò, seppure testimoni come il dibattito culturale abbia evidenziato dei punti in comune, non basta a definire l'esclusione in tutta la sua complessità. Come riferisce Iorio, c'è, infatti, un ulteriore elemento di complessità interpretativa che è costituito dal rapporto e dalla distinzione con il concetto di povertà. Alcuni autori considerano quest'ultima come un elemento dell'esclusione sociale (cfr. Berghaman 1995, 21), mentre altri, come Jordan, ritengono l'esclusione sociale la causa della povertà (cfr. Jordan 1996, 39). Utilizzando la teoria dell'azione collettiva di Olson e North, Jordan definisce l'esclusione come l'esito dell'azione di gruppi determinati, responsabili della povertà degli esclusi. (cfr Iorio 2001, 94)

In definitiva, ci rendiamo conto che se esistono dei punti di convergenza tra le varie tradizioni culturali non esiste una definizione condivisa del concetto di esclusione, proprio per la complessità della società moderna.

La nascita del concetto

In realtà questo dibattito si è sviluppato soprattutto in Francia e solo negli anni Novanta ha preso piede anche negli altri paesi europei. Nel 1995 il *British Economic and Social Research Council* ha introdotto in Inghilterra tale tema come oggetto di analisi. Il dibattito si è arricchito di tanti contributi, tra cui quelli di Durkheim, Weber e Marshall. Renè Lenoir nel 1974, quando era *Sècretaire d'Etat a l'Action Social* nel governo Chirac, pubblicò il libro *Les Esclus: Un Francais sur dix* (cfr. Lenoir 1974). In questa categoria interpretativa, che secondo Lenoir riguardava il 10% della popolazione francese, venivano inclusi diversi gruppi di individui che comprendevano non solo i poveri, ma anche disabili, anziani, bambini sfruttati, drogati. È Silver a spiegare perché il termine in Francia si diffonde solo negli anni Ottanta. *Nella tradizione sociale francese pare che il concetto di povertà fosse associato all'idea di carità cristiana e per questo veniva rifiutato. La tradizione francese, infatti, optò in favore di una idea di solidarietà nazionale, di cui lo Stato sociale ne era l'espressione operativa. Le istituzioni di* welfare, *utilizzando una prospettiva durkheimiana, venivano giustificate come mezzo di integrazione sociale, al fine cioè di includere gli individui nelle istituzioni.* L'esclusione sociale, d'altro canto, è stata definita come una rottura del tessuto sociale morale, attribuendo il fallimento all'inefficacia dell'azione dello Stato.

Il secondo motivo riguarda il fatto che gli anni Ottanta furono economicamente caratterizzati da processi di crisi e di ristrutturazione del sistema del welfare. Il termine esclusione fu usato per interpretare diverse tipologie di svantaggi sociali, come la disoccupazione, i mutamenti nella vita familiare, che o si presentavano per la prima volta, oppure si davano con una più intensa presenza quantitativa rispetto al passato (cfr. Cannan 1997, 2). Il welfare non sembrava capace di offrire una risposta efficace a questi nuovi svantaggi, e pertanto si poneva con maggiore insistenza il tema di una nuova impostazione delle politiche sociali (cfr. Iorio 2001, 96).

Sono state le politiche dell'Unione Europea e dei suoi programmi contro le diverse povertà che hanno favorito la diffusione e l'affermarsi del concetto di esclusione sociale, sia a livello scientifico che nella pubblica opinione. Possiamo, infatti, notare che nel corso degli anni si è proprio trasformato il vocabolario sulla deprivazione, anche nella terminologia utilizzata nei programmi quadro dell'Unione: dalla povertà all'esclusione.

Ma l'uso di concetti diversi non è indifferente alle dinamiche politiche interne alla Comunità Europea. Il dibattito europeo è tutto incentrato sul concetto di povertà. Infatti, la nozione di povertà ha a che vedere con la distribuzione di risorse finanziarie a disposizione di un individuo o della famiglia ed è principalmente un prodotto della *social survery* inglese. È il frutto di una visione liberale della società, definita come una massa di individui in competizione fra loro sul mercato. Le cause dell'esclusione, così come ricostruito da Iorio (cfr. Iorio 2001, 97) sono imputate al mancato funzionamento delle leggi sul mercato e all'assenza dei diritti sociali. È il paradigma del monopolio che è diffuso soprattutto in Inghilterra e fa riferimento all'opera di Max Weber. L'ordine sociale appare l'effetto di relazioni gerarchiche di potere. L'esclusione è definita, quindi, come conseguenza della formazione di gruppi che monopolizzano l'accesso alle risorse, impedendone l'utilizzo agli *outsiders*. Il mercato del lavoro è l'istituzione principale lungo la quale si forma l'esclusione, mentre i diritti di cittadinanza democratica riducono le disuguaglianze e favoriscono la piena partecipazione dei soggetti. Le politiche sociali, secondo questa prospettiva, si pongono l'obiettivo di assicurare a ciascuna persona risorse sufficienti che le permettano di tornare a competere.

Al contrario, come abbiamo visto in precedenza, il concetto classico di esclusione sociale fonda la sua definizione sul tema delle relazioni, principalmente sociali e di potere. Per esclusione sociale si intende la rottura dei legami sociali tra l'individuo e la società. Legame che è culturalmente e moralmente inteso, e ha nella filosofia di Jacques Rousseau, la visione di riferimento del rapporto individuo-società. Secondo questa tradizione gli esclusi sono i poveri, i disoccupati e le minoranze etniche. Essa è parte di quella analisi francese (cfr. Jordan, 1996, 89-93).

La società è descritta come formata da diversi soggetti collettivi delimitati, al loro interno e nelle relazioni reciproche, da diritti e obblighi derivanti da un ordine morale condiviso, ovvero da norme e valori interiorizzate dagli individui. L'esclusione sociale, quindi, corrisponde al processo del progressivo distacco soggettivo da questo ordine morale (cfr. Castels 1990).

Il pensiero di Paugam

Serge Paugam (cfr. Paugam 1995) affronta per la prima volta il concetto di *spirale della precarietà*. L'autore analizza i processi attraverso i quali gli individui accumulano svantaggi. Il rischio dell'esclusione sociale è anche collegato ad altri fattori sociali ed economici, come la precarietà occupazionale, conflittualità familiare, povertà economica, scarsa vita di relazione, bassi livelli di scolarizzazione (Paugam 1995, 50). L'economista A. Smith propose nell'XVIII secolo una nuova concezione della povertà, sostenendo la tesi secondo la quale lo sviluppo economico sarebbe stato un rimedio alla povertà stessa. Questa visione poneva a suo fondamento un approccio individualistico alla società. Il mercato veniva concepito come formato da individui liberi che liberamente contraevano obblighi e diritti l'uno verso l'altro: in questa prospettiva la povertà diveniva un problema individualistico, una specie di incidente di percorso rispetto ai normali percorsi e pertanto non attribuibile al sistema nel suo complesso. (cfr. Iorio 2001, 102)

L'esclusione sociale diventa così l'esclusione di gruppi dal *basic needs*, cioè dai bisogni fondamentali. Fu Rowentree nel 1901 ad introdurre per primo questo concetto, ripreso poi da Maslow nel 1959. Esso è inteso come paniere di consumi minimi utili per la sopravvivenza, come quelli relativi la casa, il cibo, il lavoro, ecc.

Questo tipo di concetto di esclusione sociale viene ora impiegato largamente nelle ricerche internazionali dove è stata sancita la sua definitiva affermazione in campo scientifico e nell'opinione pubblica internazionale. Basti pensare al largo uso che ne è stato fatto nel *Social Summit* del 1995.

È chiaro dunque che la nozione di esclusione sociale può essere utilizzata in modi diversi. Ciò sta a significare che c'è una certa debolezza teorica nel concetto stesso. Tuttavia, per noi è fondamentale considerare che l'uso di questo concetto serve più che a definire uno stato specifico, a descrivere un processo che spesso è dinamico e che tiene conto del cittadino, dei suoi bisogni, ma anche della sua capacità di essere protagonista della società e delle sue scelte. Ed è certamente questa pluralità di fattori, che il concetto cerca di cogliere, a renderlo, allo stesso tempo, così poliedrico nelle definizioni e nell'impiego, ma anche così debole nella definizione dei suoi contorni e delle sue specificità.

Forcella

2

Quella che genericamente viene chiamata Forcella è la parte di città costituita da Vicaria Vecchia a Via Forcella e da tutta una serie di vicoli e vicoletti, che confluiscono in essa. Ci sono varie interpretazioni sull'origine del nome Forcella; quella più diffusa lo fa risalire alla forma di forca che ha questa strada, così come si vede dallo stemma. Secoli dopo, Forcella è stata pure sede di quel seggio nobile – davanti alla chiesa S. Maria a Piazza – che nel suo stemma ad Y recita ancora: *Ad bene agendum nati sumus, Siamo nati per fare il bene.*

L'intera zona appartiene al centro storico di Napoli, proclamato dall'UNESCO patrimonio dell'umanità. Si divide tra la circoscrizione San Lorenzo-Vicaria e Mercato Pendino, oggi chiamata dal nuovo statuto comunale, non più circoscrizione, ma «seconda municipalità».

Nel corso della storia è stata sempre scelta come luogo privilegiato di insediamento, in virtù della sua posizione strategica nel cuore della città e per le forze misteriose, che, da sempre, si crede la animino e la governino (cfr. Paliotti 2005, 15). Dovettero essere di questo avviso i Pitagorici che vi fondarono la loro scuola, così come gli adepti di Mitra che la scelsero come luogo dove costruire un *Mitreo* (divenuto poi la scuderia della famiglia Giuliano).

In linea con i misteri esoterici di Forcella, c'è il monastero di Sant'Arcangelo a Baiano, citato anche dal Boccaccio nel *Filocolo*, una delle prime strutture religiose realizzate dagli Angioini, il cui l'ingresso era permesso solo alle giovani fanciulle, provenienti da nobili famiglie, che venivano poi introdotte a riti orgiastici, così come riportato da

Valentina Raiola, nella sua tesi: (*Sacro, articolazione tra marginalità e violenza*, Master in Informatore religioso nel pluralismo contemporaneo, Università degli Studi di Siena).

Dalla storia millenaria alla cronaca nera: infatti oggi Forcella è conosciuta per i suoi continui episodi di violenza e di malaffare. Potremmo parafrasare il motto: da «siamo nati per fare il bene» a «siamo nati per fare il male». Ultimo episodio in senso cronologico, la terribile morte della quattordicenne Annalisa Durante, il 27 marzo 2004, ammazzata davanti alle amiche mentre passeggiava per il quartiere. Si è trovata "nel mezzo" mentre due clan rivali si fronteggiavano. Ma, come vedremo dalla ricerca, tra le cause di esclusione e di violenza è da segnalare l'atavica assenza delle Istituzioni. Solo in nome di questa piccola innocente sono stati fatti dei passi in avanti. Il cammino, comunque, è ancora lungo e arduo.

La storia

Il primo autore a parlare del quartiere di Forcella è Giuseppe Russo, che nel suo testo *La città di Napoli dalle origini al 1860*, narra della vendita di un bene in *regione Furcillensi*. Poi, come riportato anche dal Paliotti nel suo testo *Forcella la casbah di Napoli* (edito da Tullio Pironti), a parlarci di Forcella è G. De Blasis, nella sua opera: *la Napoli dell'epoca poteva idealmente essere divisa in tre diverse città. Lo storico si sofferma su quella delle tre «che scendeva al mare dai rapidi pendii di Forcella e che appariva come un'altra città, diversa nelle piante edilizie, diversa negli abitatori, varia nelle diverse aggregazioni ond'era sorta in due periodi di tempo.*

Le tracce storiche del quartiere poi si snodano nei secoli passando dalla presenza, nei racconti, del famoso «lavaturo di Forcella», fino alla Napoli dell'Ottocento, dove Forcella è descritta come strada degli avvocati e dei loro clienti, per la vicinanza al palazzo di Castel Capuano, sede della magistratura napoletana.

La vicinanza ai palazzi della giustizia caratterizzerà sempre questo quartiere, nel bene e nel male. Fino ai racconti di cui parleremo più avanti del collaboratore di giustizia, Luigi Giuliano, per anni boss incontrastato del rione e dell'omonimo clan, che ha svelato i rapporti tra la camorra e le istituzioni.

Ma, come per la Sicilia e la mafia, sarà l'ingresso in città degli alleati angloamericani a creare le condizioni per un radicamento della criminalità in questi vicoli del centro storico di Napoli e di un suo rapporto con le istituzioni.

Inizierà, infatti, il contrabbando, non particolarmente presente nel periodo della guerra nel quartiere.

Con l'ingresso, nell'ottobre 1943, delle truppe alleate invece, Forcella diventa il centro del contrabbando napoletano. Si vendeva di tutto, dalle sigarette ai liquori, dai cibi in scatola ai «paraschegge» (eufemismo per intendere i profilattici). Forcella non aveva particolari tradizioni in fatto di commercio illegale. Prima del 1943 la borsa nera era praticata nella stessa misura o poco più di qualsiasi altro rione di Napoli. La criminalità era quasi assente. Solo nel 1939, prima ancora dell'inizio della guerra, la Polizia aveva dovuto compiere una operazione. Si era scoperto, infatti, che una banda di forcellesi acquistava, da operai bisognosi, i libretti di lavoro per ricavarne le marche della Previdenza Sociale; opportunamente trattate con la scolorina, le marche venivano rimesse a nuovo e rivendute a basso prezzo ai datori di lavoro. Tutto qui.

Con l'entrata degli americani le cose cambiarono. Essi requisirono, per potervi installare i loro servizi, tutti gli edifici pubblici della città, scuole comprese, nonché grandi magazzini e case private che a causa dello sfollamento risultavano disabitate. Dunque a Forcella ci furono all'improvviso tanti depositi di materiali vari, in genere casse di sigarette, di scatole di chewing-gum e di profilattici (cfr.

Paliotti, 2005, 15). Tutto questo mi è stato confermato dalle persone più anziane del rione.

La nuova situazione modifica l'organizzazione economica e sociale del quartiere. Gli abitanti di Forcella iniziarono a rivendere tutto quello che gli americani portavano e depositavano nei vicoli e proprio nei vicoli comparvero le prime bancarelle del mercato nero cittadino. Lì, nel budello della Napoli antica, in quel districarsi di stradine, tra via dei Carbonari, via S.Arcangelo a Baiano e vico delle Zite, nasceva il contrabbando napoletano; il tutto avveniva a poca distanza da vico Scassacocchi, dove nasceva invece Nino Taranto, che avrebbe reso Napoli famosa per la sua «macchietta» e il suo teatro. Non a caso, i giovani della mia comunità parrocchiale hanno deciso di intitolare il teatro della parrocchia ai Taranto, Nino e Carlo.

Queste bancarelle, dal solo vico dei Carbonari, piano piano, invasero l'intera Forcella. In seguito gli angloamericani chiesero in cambio liquore Strega e così cominciarono a fare affari insieme, fino alla corruzione. Infatti, interi camion degli alleati venivano venduti da funzionari corrotti a gruppi criminali invece di essere portati nei depositi militari. Gli affari crescevano sempre più, e gli abitanti di Forcella cominciavano ad arricchirsi. Il rione divenne così la centrale del mercato nero. A Forcella, oltre al materiale alleato, confluiva tutto quello che i contrabbandieri napoletani riuscivano a rastrellare nelle campagne: farina, olio, legumi. Tutto questo è ben descritto nella ricostruzione storica del periodo fatta da Paliotti, che mette in evidenza come, ben presto, ingrandendosi il mercato, i forcellesi vollero darsi un'organizzazione vera e propria: per poter continuare a mantenere, rispetto agli altri rioni di Napoli, il primato della borsa nera, era necessario cedere i poteri ad un'unica persona, che non solo distribuisse razionalmente ai vari bancarellai le partite di merce angloamericana, ma che dirimesse anche le eventuali controversie e che, dunque, in una parola, «governasse». A furor di popolo venne eletto «re di Forcella» il contrabbandiere Gennaro Merolla, detto King-Kong. Nasce così una prima vera e propria organizzazione che svolge il duplice e tipico compito di quella che poi denomineremo camorra: il controllo del territorio e i traffici illeciti. Incredibilmente, però, a Forcella fin dall'inizio, questa attività è svolta in collusione con quello che era il potere dell'epoca. King-Kong governò indisturbato fino al 1949, poi abdicò per conto di Pio Vittorio Giuliano, vero signore del rione. Molti lo definivano «'o patriarca». Aveva undici figli, nove dei quali maschi. Toccò ai maschi gestire il complesso delle iniziative che si prendevano a Forcella e, quando necessario, rinnovarne i criteri (cfr. Paliotti, 2005, 64-73).

Gli anni sono passati e il potere dei Giuliano si è rafforzato non solo a Forcella, ma in tutta la città, grazie sempre anche ai loro rapporti con i potenti di turno.

Alla fine degli anni Settanta, alla vigilia del terremoto del 23 novembre 1980, che segnerà la storia di Napoli e della camorra, i Giuliano insieme con altri gruppi camorristici, in particolare con gli Alfieri di Nola e i Nuvoletta di Marano, costituirono quel cartello, denominato «Nuova Famiglia», che aveva il compito fondamentale di contrastare lo strapotere, ormai insopportabile, di Raffaele Cutolo e della sua organizzazione «Nuova Camorra Organizzata». Ne seguì la prima vera guerra di camorra con circa 200 vittime, tante anche innocenti, non solo a Napoli, ma in tutto il Paese. Ci fu la sconfitta di Cutolo, ma, poi, è arrivata anche quella dei Giuliano. Una sconfitta inflitta non dallo Stato, ma dai collaboratori di giustizia.

Il più importante di loro è oggi Luigi Giuliano, detto don *Lovegino*, capostipite del clan omonimo, che ha gestito tutta la criminalità organizzata di Napoli. Dalle ricostruzioni storiche e giudiziarie fatte anche dalla Commissione Parlamentare Antimafia, si riscontra che i traffici illeciti del clan Giuliano erano il contrabbando delle sigarette, la distribuzione di griffe falsificate, ma soprattutto il lotto clandestino o meglio il «toto nero», vale a dire un totocalcio parallelo organizzato illecitamente e di nascosto e, infine, il traffico della droga. Ma era proprio il lotto clandestino a garantire le maggiori entrate per il clan. Come mi ha riferito un ex-affiliato ai Giuliano, a volte le puntate al lotto clandestino erano così alte su alcuni numeri da ingenerare preoccupazioni per le casse dei Giuliano. Per ovviare al rischio di un'eventuale vincita in massa di certe scommesse, il capo clan giocava una forte somma al «lotto dello Stato» per assicurarsi, in caso di uscita dei numeri giocati, che fosse stesso lo Stato a «pagare» le scommesse clandestine.

A ciò si deve aggiungere, negli ultimi anni, anche la contraffazione di prodotti informatici, ad esempio i cd musicali. Questa attività non va affatto sottovalutata, in quanto da indagini effettuate dalla Guardia di Finanza, si è appreso che quasi la metà dei prodotti frutto della pirateria informatica diffusi nel mondo, venivano fatti a Napoli, in particolare dal clan Giuliano.

E se Luigi, detto *Lovegino* fu capo effettivo, ciascuno dei vari fratelli si specializzò in un settore. Ad esempio il fratello Carmine, detto *'o lione* ebbe il compito di curare certi rapporti col mondo calcistico. Carmine era un grande tifoso del "Napoli". Quando Diego Armando Maradona, il più grande giocatore di tutti i tempi, venne a Napoli nel 1984, decise di stringere amicizia con il «Pibe de oro» (famosa la foto che fece il giro del mondo nel 1986 che ritrae Carmine Giuliano e altri boss con Maradona seduto in una vasca da bagno a forma di conchiglia) e, addirittura, di portarlo a spasso su e giù per Forcella. In questo modo faceva propaganda al toto nero. Per rendersi conto del fenomeno è utile ricordare che a volte il «totonero» riusciva a condizionare, grazie ai rapporti che il clan aveva con il mondo del calcio, anche i risultati del campionato di serie A. I famosi pentiti hanno dichiarato che solo il toto nero fruttava molto: *Ogni settimana da questo mercato entravano nelle casse del clan Giuliano 20 miliardi di lire* (cfr. Paliotti 2005,161).

Con questi soldi l'organizzazione pagava gli stipendi ai soci, le bollette, gli affitti, dava sussidi e prestiti, cibo ai poveri e ai bisognosi, facendosi carico dell'assistenza di chi si poneva sotto la sua protezione. In questo modo il clan comprava il silenzio degli abitanti del rione ed era visto come l'unica «istituzione» presente sul territorio. Al punto da dotare l'intera area di sofisticate telecamere, che monitoravano gli spostamenti di chiunque passasse per quella strada. Racconta Giuseppe Gambale nel libro di D. Trotta, *Napoli, l'amore degli amori*, che il magistrato «d'assalto» Carlo Palermo, di origine avellinese, scampato miracolosamente ad un attentato a Trapani (il 2 aprile 1985), quando venne a Forcella, si accorse che essa era illuminata a giorno da fari alogeni, e si notavano tante telecamere che si muovevano in tutte le direzioni. Non sapeva il magistrato di trovarsi nel bunker della famiglia Giuliano, che con questo sistema di videosorveglianza controllava l'intero territorio. Palermo restò incredulo di fronte a tanta tracotante ostentazione di potere illegale e trovò inammissibile l'esistenza di un così sprezzante simbolo di «Antistato» ad appena due passi dal vecchio Tribunale, il paradigma di uno Stato reso impotente e vulnerabile di fronte a tanta arroganza (cfr. Trotta 2005, 109).

In effetti, se la criminalità ha subìto dei colpi a Napoli, ciò è avvenuto principalmente grazie al ruolo svolto dai pentiti. Dalle dichiarazioni dei collaboratori di giustizia pubblicate l'8 settembre del 2005 sul famoso settimanale italiano "L'Espresso", emerge un quadro di collusioni tra forze di polizia, camorristi e magistratura. Così pure dal racconto di don «Lovegino», si comprende l'esistenza di una vera e propria ragnatela di corruzione e connivenze. Ad un certo punto, come riportato dai verbali citati da "L'Espresso", Lovegino dice: *In quell'occasione versai complessivamente circa un miliardo e mezzo, sempre per il tramite dell'avvocato Francesco Maglione e dell'avvocato*

Anyo Arcella (ucciso dalla camorra nel 1996), destinati a Viparelli che emise due provvedimenti a distanza di pochi giorni l'uno dell'altro, il primo con il quale venni messo agli arresti domiciliari ed il secondo con il quale venni scarcerato».

Nonostante tutto, da una ricerca della Procura di Napoli risulta che in città sono ancora attivi ben 102 clan.

La vittoria dello Stato a Napoli è ancora lontana.

I dati ISTAT

Secondo i dati ISTAT del 2001, il 66% della popolazione di Forcella, un piccolo rione di appena 200 mila metri quadri con 10.000 abitanti (considerando solo da Via Vicaria Vecchia a Via Forcella) ha solo la licenza elementare, mentre soltanto il 29% possiede la licenza media. Se, poi, il campione di indagine si restringe ai camorristi e ai relativi circuiti criminali, vediamo che, secondo la prefettura, l'80% dei malavitosi non possiede neanche la licenza elementare. Il tasso di disoccupazione arriva ad oscillare intorno al 68%. Questi dati, riportati nelle tabelle di seguito, sono particolarmente significativi, e delineano i contorni esistenziali e sociali che caratterizzano il quartiere di Forcella nel più ampio contesto napoletano: precarietà socio-economica, mancanza di mezzi di sussistenza minimi, insufficienti opportunità socio-culturali a sostegno del cambiamento.

I dati sono stati commentati servendosi delle informazioni fornite dai Servizi Sociali Territoriali (solo 5 in organico a fronte di 10).

L'area presa in esame presenta una densità abitativa di oltre 222 abitanti per kmq; mediamente i nuclei familiari sono composti da 5-6 persone.

La popolazione presenta un basso livello di scolarizzazione (l'85% ha la 5ª elementare) e un alto tasso di disoccupazione. Il tasso sull'intera popolazione napoletana di natalità è del 17,3%, il tasso di nuzialità religiosa è del 7%, quello di nuzialità civile è del 2,3%.

Dai miei continui contatti con i servizi sociali territoriali, ho potuto constatare che il 90% delle famiglie ha reddito pari a zero. Sorprende quindi come, nonostante questi dati, le famiglie continuino a sopravvivere, segno della presenza di una forte economia sommersa e alternativa. Quasi sempre il confine tra lecito e illecito è labile, come se la legge fosse vista come un impedimento alla conquista del pane quotidiano. La reazione di aggressione continua alle forze dell'ordine si spiega in questa ottica. Spesso lo Stato è visto nel mio quartiere solo come fonte di assistenzialismo e come «qualcosa» chiamata a dare sussidi. Non a caso, le domande per i sussidi presentate agli enti competenti sono in eccedenza rispetto alla possibilità di un intervento. Si aggiunge, poi, la difficoltà a rivolgersi agli operatori sociali, sia per la mancanza di una sede presente sul territorio, sia per tanti altri motivi che le persone intervistate hanno evidenziato: innanzitutto, gli assistenti sociali sono visti come nemici, perché hanno il potere di sottrarre alle famiglie disagiate i figli, molti dei quali soggetti alla dispersione scolastica. In realtà l'idea che la gente di Forcella ha degli operatori sociali è di collaboratori della polizia e delle forze dell'ordine, proprio perché lo Stato qui non è mai esistito. Considerato, poi, come emergerà dai questionari, che il 68% degli abitanti del rione ha precedenti penali, è chiaro che il contatto con questi operatori avviene per motivi giudiziari e non è di natura sociale. Non sono rare le famiglie in cui uno dei genitori è in carcere o agli arresti domiciliari.

Di tali pregiudicati, molti sono addirittura minorenni, anche perché non sono esistite finora alternative reali alla strada. I dati statistici sono confermati e rafforzati dalle interviste e descrivono una realtà degradata, non solo dal punto di vista economico e sociale, ma anche dal punto di vista delle relazioni umane. Tutto ciò determina una sensazione di forte pessimismo che ingenera una diffusa cultura della rassegnazione. Spesso tutto questo è significato in una espressione dialettale ripresa da una commedia di Eduardo De Filippo: *addà passà 'a nuttata* (deve passare la notte).

Gli intervistati hanno, poi, evidenziato che si sono trovati in situazioni di devianza, costretti a commettere reati per necessità, come detto da loro stessi per poter portare *il piatto sulla tavola e sfamare i bambini.*

Si tratta inoltre di un territorio, così come anche descritto dalla Raiola, «dove la violenza è un sistema simbolico», che riflette la realtà dura del quartiere; la violenza viene appresa fin dall'età della socializzazione primaria e per questo rappresenta un prodotto sociale che, allo stesso tempo, veicola e trasforma le rappresentazioni sociali in un processo continuo. Questo clima di violenza e sopraffazione viene respirato dai bambini fin dalla tenera età e diventa spesso un modello di vita naturale vissuto con normalità. Non a caso dopo la morte di Annalisa Durante, l'amministrazione comunale ha voluto che proprio nel cuore di Forcella nascesse un asilo nido che ha preso il suo nome. Solo così i bambini possono ritrovare modelli di vita più sani e meno violenti, scoprendo una socialità positiva.

Dalla ricerca emerge pure che solo Dio può intervenire nelle complesse faccende della vita e solo di Dio si può aver fiducia: è l'unico che può capire e ascoltare. Questa esperienza si incarna nella vita della comunità parrocchiale di San Giorgio, diventata per i forcellesi faro e speranza di un possibile riscatto dalla deprivazione e dalla spirale dell'esclusione sociale.

Le tavole

Popolazione residente per classe di età, sesso e circoscrizione

Circoscrizioni	CLASSI DI ETÀ										
	Meno di 5	5-9	10-14	15-24	25-34	35-44	45-54	55-64	65-74	75 e più	Totale
MASCHI											
Bagnoli	786	869	912	2.662	2.251	1.805	1.430	1.236	814	375	13.140
Fuorigrotta	1.977	2.198	2.678	8.211	6.718	5.333	4.922	4.422	3.295	1.597	41.351
Soccavo	1.537	1.635	1.898	5.343	4.429	3.214	2.765	2.501	1.682	646	25.650
Pianura	2.567	2.785	2.838	4.682	4.520	4.867	2.408	1.369	699	246	26.981
San Ferdinando - Chiaia - Posillipo	2.050	2.032	2.594	8.306	6.863	5.299	5.279	4.986	3.508	2.120	43.037
Vicaria - San Lorenzo	2.070	2.193	2.345	6.411	5.467	4.120	3.236	3.241	2.399	1.226	32.708
Mercato - Pendino	815	880	981	2.693	2.176	1.669	1.220	1.206	870	492	13.002
Avvocata - Montecalvario	2.037	2.054	2.350	6.649	5.879	4.452	3.559	3.337	2.495	1.400	34.212
San Giuseppe - Porto											
Stella - San Carlo all'Arena	2.978	3.124	4.388	11.208	8.679	6.322	6.022	5.739	3.589	1.844	53.893
Vomero	938	1.096	1.388	4.168	3.729	3.227	3.014	2.854	2.282	1.319	24.015
Arenella	1.560	1.713	2.252	7.342	5.868	4.713	5.037	4.562	3.299	1.678	38.024
Piscinola	1.092	1.158	1.280	3.254	2.345	1.833	1.220	1.065	583	237	14.067
Miano	1.046	1.028	1.103	3.081	2.538	1.640	1.015	1.152	740	245	13.588
Chiaiano	916	883	840	1.975	1.971	1.587	1.014	829	491	203	10.709
Secondigliano	1.851	1.922	2.105	5.790	4.202	3.041	2.469	2.145	1.236	487	25.248
San Pietro a Patierno	851	838	855	1.639	1.492	1.182	650	504	331	151	8.493
Poggioreale - Zona industriale	998	1.002	1.071	2.981	2.433	1.887	1.454	1.385	1.061	461	14.733
Ponticelli	1.907	2.123	2.338	5.401	4.369	3.323	2.258	2.077	1.185	528	25.509
Barra	1.608	1.630	1.743	4.402	3.342	2.713	1.855	1.585	1.082	484	20.444
San Giovanni a Teduccio	942	945	1.052	2.765	2.240	1.555	1.183	1.135	798	367	12.982
Scampia	1.636	1.794	2.031	5.394	3.834	2.537	1.877	1.859	857	245	22.064
Totale	*32.162*	*33.902*	*39.042*	*104.357*	*85.345*	*66.319*	*53.887*	*49.189*	*33.296*	*16.351*	*513.850*

					FEMMINE						
Bagnoli	728	816	857	2.395	2.135	1.851	1.560	1.462	1.110	704	13.618
Fuorigrotta	1.945	2.095	2.699	8.049	6.381	5.852	5.575	5.475	4.493	2.648	45.212
Soccavo	1.398	1.531	1.748	5.036	3.979	3.400	3.003	3.006	2.188	1.111	26.400
Pianura	2.434	2.666	2.643	4.732	5.053	4.351	2.230	1.426	923	524	26.982
San Ferdinando - Chiaia - Posillipo	1.864	2.034	2.590	7.631	6.608	6.024	6.322	6.031	4.929	4.276	48.309
Vicaria - San Lorenzo	1.856	2.002	2.310	6.287	5.177	4.362	4.021	4.254	3.755	2.755	36.779
Mercato - Pendino	785	804	941	2.570	2.065	1.699	1.495	1.595	1.394	987	14.335
Avvocata - Montecalvario	1.833	1.921	2.263	6.229	5.463	4.548	4.306	4.341	3.816	3.012	37.732
San Giuseppe - Porto											
Stella - San Carlo all'Arena	2.873	3049	3.969	10.928	8.199	6.944	7.144	6.975	5.067	3.601	58.749
Vomero	976	1.028	1.346	4.209	3.787	3.555	3.585	3.811	3.293	2.829	28.419
Arenella	1.483	1.721	2.294	7.247	5.762	5.602	5.741	5.715	4.507	3.350	43.422
Piscinola	969	1.079	1.275	3.023	2.316	1.808	1.385	1.291	708	421	14.275
Miano	993	1.033	1.097	2.788	2.184	1.664	1.265	1.487	956	486	13.953
Chiaiano	882	818	803	2.003	2.106	1.490	1.112	936	608	363	11.121
Secondigliano	1.682	1.782	2.065	5.486	3.950	3.254	2.803	2.554	1.643	938	26.157
San Pietro a Patierno	739	803	817	1.672	1.524	1.066	706	649	456	292	8.724
Poggioreale - Zona industriale	852	915	1.051	2.819	2.347	1.886	1.678	1.819	1.499	896	15.762
Ponticelli	1.791	1.914	2.283	5.410	4.243	3.207	2.635	2.413	1.530	835	26.261
Barra	1.454	1.530	1.709	4.103	3.316	2.625	1.982	1.954	1.469	905	21.047
San Giovanni a Teduccio	870	900	1.004	2.835	2.134	1.654	1.452	1.538	1.197	748	14.332
Scampia	1.468	1.577	1.931	5.160	3.610	2.526	2.133	2.080	1.005	426	21.916
Totale	29.875	32.018	37.695	100.612	82.339	69.368	62.133	60.812	46.546	32.107	553.505

Indicatori relativi a bambini e ragazzi (meno di 14 anni) e giovani (14-29 anni) per circoscrizione

Circoscrizioni	POPOLAZIONE DI MENO DI 30 ANNI		TASSO DI SCOLARITÀ				
	% bambini e ragazzi	% di giovani	Scuola materna (3-5 anni)	Scuola dell'obbligo (6-13 anni)	Scuola media sup. e università (14-29 anni)	Tasso di disoccupazione dei giovani	Tasso di occupazione dei giovani
Bagnoli	16,9	29,4	48,6	96,3	26,7	40,4	17,1
Fuorigrotta	14,1	28,9	51,9	97,9	34,0	37,4	16,9
Soccavo	17,1	30,4	52,1	97,8	26,4	42,2	14,5
Pianura	27,3	28,2	42,9	98,3	23,2	39,2	12,6
San Ferdinando - Chiaia - Posillipo	13,1	27,1	49,2	97,0	44,4	28,6	16,7
Vicaria - San Lorenzo	16,7	28,5	51,4	96,4	22,7	45,1	13,6
Mercato - Pendino	17,3	29,7	45,8	94,0	16,3	47,3	12,7
Avvocata - Montecalvario - San Giuseppe - Porto	15,8	28,1	61,7	96,8	27,3	41,9	15,6
Stella - San Carlo all'Arena	16,5	29,8	45,6	87,7	28,1	41,7	14,9
Vomero	11,6	25,2	43,0	97,9	47,6	27,5	17,0
Arenella	12,1	27,6	44,5	97,5	45,8	29,4	17,5
Piscinola	22,0	33,2	41,7	97,9	16,8	50,9	9,6
Miano	20,9	32,8	50,1	95,0	14,1	53,1	10,3
Chiaiano	21,9	29,4	44,5	97,1	25,6	41,9	15,5
Secondigliano	20,1	32,9	47,6	96,6	17,4	50,2	11,2
San Pietro a Patierno	26,3	30,6	49,5	94,9	13,7	48,1	10,6
Poggioreale - Zona industriale	17,6	29,2	48,3	95,5	20,6	44,6	15,2
Ponticelli	21,9	31,9	51,4	96,3	18,8	47,8	11,5
Barra	21,4	31,0	49,7	96,7	18,4	46,9	11,8
San Giovanni a Teduccio	19,0	31,5	52,1	95,9	15,2	47,4	12,1
Scampia	21,6	36,0	51,0	97,2	13,8	54,9	8,9
Totale	*18,6*	*30,1*	*48,7*	*96,2*	*24,6*	*43,2*	*13,6*

Indicatori relativi alle famiglie per circoscrizione

Circoscrizioni	% FAMIGLIE CON					
	N. medio componenti per famiglie	1 componente	5 componenti e più	Un nucleo senza membri isolati	Un nucleo con membri isolati	Famiglie coabitanti per 1.000 famiglie
Bagnoli	3,4	14,0	21,4	68,9	10,9	2,0
Fuorigrotta	3,3	14,4	21,0	66,4	11,9	0,5
Soccavo	3,7	9,7	28,4	68,1	13,6	1,1
Pianura	3,8	5,8	28,7	80,8	9,2	0,9
San Ferdinando - Chiaia - Posillipo	3,0	21,6	15,6	60,5	10,6	7,2
Vicaria - San Lorenzo	3,2	19,2	21,8	59,8	12,0	1,6
Mercato - Pendino	3,3	18,1	24,2	60,6	12,8	0,8
Avvocata - Montecalvario - San Giuseppe - Porto	3,1	20,8	19,8	59,6	11,6	4,6
Stella - San Carlo all'Arena	3,3	15,4	22,1	65,8	11,5	1,3
Vomero	2,9	21,0	13,0	61,7	10,3	2,2
Arenella	3,1	16,3	15,8	65,8	11,2	1,6
Piscinola	4,0	8,2	35,4	70,8	13,1	0,3
Miano	3,8	9,8	34,0	67,8	13,4	0,6
Chiaiano	3,5	10,8	23,4	74,2	9,5	1,1
Secondigliano	3,7	10,8	31,0	69,1	12,4	0,2
San Pietro a Patierno	3,9	9,4	35,4	71,1	12,7	0,7
Poggioreale - Zona industriale	3,4	14,6	24,6	36,9	13,5	0,3
Ponticelli	3,8	8,3	33,0	70,5	13,8	0,2
Barra	3,7	10,3	30,7	69,6	12,6	0,4
San Giovanni a Teduccio	3,6	13,5	31,2	60,3	16,7	1,7
Scampia	4,5	4,8	46,0	67,0	18,0	1,7
Totale	3,5	13,2	26,5	65,5	12,4	1,5

Famiglie residenti e componenti per ampiezza della famiglia e circoscrizione

QUARTIERI	FAMIGLIE CON COMPONENTI									
	1							7 O PIÙ		
	Totale	Di cui non in coabitazione	2	3	4	5	6	Famiglie	Componenti	Totale
Bagnoli	1.102	1.086	1.488	1.468	2.142	1.044	423	220	1671	7.887
Fuorigrotta	3.786	3.773	5.405	5.072	6.510	3.539	1.304	672	5105	26.288
Soccavo	1.368	1.357	2.465	2.630	3.682	2.323	1.018	686	5398	14.172
Pianura	818	808	1.750	2.543	4.899	2.625	913	487	3722	14.035
San Ferdinando - Chiaia - Posillipo	6.592	6.376	6.658	5.728	6.778	3.238	1.043	480	3638	30.517
Vicaria - San Lorenzo	4.140	4.112	4.562	3.642	4.533	2.702	1.262	733	5696	21.574
Mercato - Pendino	1.490	1.482	1.651	1.397	1.708	1.145	518	335	2574	8.244
Avvocata - Montecalvario - San Giuseppe - Porto	4.749	4.635	4.699	4.110	4.769	2.696	1.185	636	4883	22.844
Stella - San Carlo all'Arena	5.108	5.081	6.573	6.166	8.021	4.545	1.780	1.009	7702	33.202

Vomero	3.820	3.778	4.253	3.634	4.095	1.715	478	162	1243	18.157
Arenella	4.273	4.232	5.731	5.354	6.713	2.863	939	345	2610	26.218
Piscinola	578	578	1.038	1.183	1.766	1.294	612	595	4757	7.066
Miano	701	699	1.173	1.234	1.597	1.266	632	524	4174	7.127
Chiaiano	669	665	1.013	1.290	1.761	907	362	177	1397	6.179
Secondigliano	1.480	1.479	2.203	2.397	3.393	2.358	1.110	797	6245	13.738
San Pietro a Patierno	415	414	686	693	1.064	858	407	303	2358	4.426
Poggioreale - Zona industriale	1.313	1.311	1.825	1.665	1.967	1.340	536	337	2573	8.983
Ponticelli	1.111	1.110	2.074	2.274	3.522	2.623	1.053	753	5974	13.410
Barra	1.139	1.138	1.867	1.897	2.785	1.929	876	608	4779	11.101
San Giovanni a Teduccio	1.007	1.000	1.341	1.205	1.588	1.221	656	450	3539	7.468
Scampia	465	457	1.061	1.382	2.355	1.953	1.196	1.328	10882	9.740
Totale	*46.124*	*45.571*	*59.516*	*56.964*	*75.648*	*44.184*	*18.303*	*11.637*	*90920*	*312.376*

Occupati e studenti per tempo impiegato (minuti) negli spostamenti per quartiere

QUARTIERI	OCCUPATI				STUDENTI			
	Fino a 30	31-60	oltre 60	Totale	Fino a 30	31-60	oltre 60	Totale
San Ferdinando	3.157	722	203	4.082	3.262	339	53	3.654
Chiaia	8.011	2.660	615	11.286	7.363	1.204	195	8.762
San Giuseppe	1.134	248	64	1.446	933	84	18	1.035
Montecalvario	3.494	845	230	4.569	3.934	305	63	4.302
Avvocata	5.735	2.106	440	8.281	6.433	672	145	7.250
Stella	4.252	1.475	408	6.135	5.133	529	132	5.794
San Carlo all'Arena	10.332	4.873	1.219	16.424	10.814	2.687	805	14.306
Vicaria	2.501	601	118	3.220	2.413	316	66	2.795
San Lorenzo	6.897	1696	419	9.012	8.378	591	138	9.107
Mercato	1.264	255	67	1.586	1.452	122	24	1.598
Pendino	2.148	438	127	2.713	2.325	131	33	2.489
Porto	850	138	50	1.038	784	69	6	859
Vomero	8.017	4.952	890	13.859	7.592	1.977	371	9.940
Arenella	11.886	7.871	1.732	21.489	11.711	3422	1.086	16.219

Posillipo	4.406	2.055	440	6.901	3.980	1.144	256	5.380
Poggioreale	2.948	813	242	4.003	2.853	522	147	3.522
Zona industriale	985	216	55	1.256	1.121	166	25	1.312
Bagnoli	3.445	1.235	310	4.990	4.027	568	109	4.704
Fuorigrotta	12.160	5.237	1.230	18.627	13.323	2.432	472	16.227
Soccavo	6.375	2.724	696	9.795	8.002	1.574	261	9.837
Pianura	5.935	2.973	844	9.752	9.810	2135	524	12.469
Chiaiano	2745	1.317	542	4.604	3125	800	353	4278
Piscinola	2627	1.306	513	4.446	4341	706	284	5331
Miano	2438	1032	349	3.819	4088	571	198	4857
Secondigliano	5273	2094	700	8.067	7044	1405	559	9008
Scampia	3345	2116	927	6.388	6679	986	609	8274
San Pietro a Patierno	1743	455	185	2.383	3038	340	134	3512
Ponticelli	5165	2141	703	8.009	7960	1475	563	9998
Barra	4315	1387	453	6.155	6485	927	248	7660
San Giovanni a Teduccio	2648	783	288	3.719	3895	436	144	4475
Totale	*136.231*	*56.764*	*15.059*	*208.054*	*162.298*	*28.635*	*8.021*	*198.954*

La ricerca

3

Il questionario è stato somministrato *face to face* ad un gruppo di dieci famiglie che vivono sul territorio da sempre. Questo campione aiuta a capire meglio il quartiere con tutte le sue problematiche.

L'obiettivo della ricerca è quello di svolgere un'indagine territorialmente circoscritta sulle condizioni di vita di alcune famiglie del quartiere di Forcella che vivono in estrema povertà. Lo scopo è quello di sottolineare le varie dinamiche e i percorsi di entrata e di uscita dalla deprivazione e l'intreccio di fattori e conseguenze sociali che li colpiscono.

Si cercherà così di chiarire meglio il concetto di esclusione sociale attraverso l'illustrazione dell'esistenza e del funzionamento di un modello di analisi e di relazioni tra variabili, sugli ambiti fondamentali della disgregazione sociale, quali la volontarietà/involontarietà a partecipare alla vita dei diversi sottosistemi, al lavoro assente, precario o irregolare, agli accidentati percorsi formativi, ai fattori di esclusione e di distanza dalle risorse sociali e politiche. È, infatti, sul convincimento del prevalere dell'una o dell'altra dinamica e/o della responsabilità da attribuire ai tassi di povertà, che si determina la scelta dei criteri di misurazione, rilevando così un certo tipo di deprivazione ed escludendone un altro.

A tal fine, si è deciso di indagare in profondità le relazioni tra le variabili considerate, su un numero ristretto di soggetti intervistati.

Il presupposto consiste nell'assumere l'esclusione come un universo non univoco, né indifferenziato, né statico, bensì caratterizzato da una pluralità di fattori e di percorsi. Ci pare perciò importante coglierlo nella sua dinamica, cioè nei suoi processi di costruzione mobile, evidenziando le diverse componenti al suo interno. Più specificamente, si è partiti dalla considerazione che l'esclusione sociale, non essendo uno stato, non è possibile coglierla nei termini di dentro/fuori ma piuttosto in quelli di esclusione/distanza da *standard* di vita accettabili.

Per fare ciò ci è sembrato importante integrare l'analisi del contesto territoriale del Mezzogiorno e della città di Napoli tratto da fonti statistiche prodotte dall'Istat, con una di tipo diacronico, attenta cioè alle variabili biografiche di lungo periodo, che consentono di illuminare le vicende personali attraverso il peso dell'influenza familiare, dell'istruzione, del contesto più generale del mercato del lavoro, della partecipazione sociale e politica e degli *standard* di vita, alla base dei processi di identificazione e processi di scelta individuali. La nostra ipotesi ritiene che è lungo questi ambiti e il loro cumularsi che si declina il processo di esclusione/inclusione sociale.

È stato così possibile ricostruire l'articolazione territoriale del quartiere Forcella e giungere alla conclusione che la lotta alla deprivazione, che è in stretta connessione con la criminalità organizzata, si realizza soprattutto tramite una maggiore attenzione data ai processi di socializzazione primaria e secondaria dei giovani. Sono, infatti, la formazione e l'educazione dei bambini ad avere un ruolo centrale, affinché i giovani abbiano una cultura nuova e una possibilità di riscatto, non solo personale, ma anche sociale.

L'esclusione può essere ancora efficacemente descritta in base ai caratteri della cronicità e del circolo vizioso di una pluralità di fattori di svantaggio tra loro cumulabili. Famiglie numerose, residenti in quartieri socialmente svantaggiati come quello di Forcella dove manca, a volte, tutto, dai servizi sociali alla presenza delle Istituzioni, dagli investimenti strutturali agli esercizi commerciali. E proprio su questi territori dove il livello di disoccupazione è alto, la criminalità fa da padrona, quasi come una sorta di «antistato».

Dalle informazioni raccolte si evincono alcuni tipici percorsi di pauperizzazione personale e collettiva. Uno dei fattori disgreganti emersi è, ad esempio, la mancanza di lavoro, che incide negativamente su tutto il ciclo della vita familiare: la povertà dei figli di disoccupati si ripercuote in tutto il percorso di vita nel periodo della giovinezza e dell'età adulta, in quanto arriva a costituire sia una mancanza di «pari opportunità», sia una carenza di sufficienti motivazioni in ambito scolastico, ostacolando così la competitività sul mercato del lavoro. Questi fattori aumentano i rischi del vivere in povertà e hanno ripercussioni pesanti anche nel periodo di vita degli anziani, in quanto una carriera lavorativa precaria e frammentata non permette di accedere neppure ad una pensione minima.

Altri percorsi hanno messo in luce come la mancanza di una abitazione dignitosa e di un lavoro stabile e regolare costituiscano rilevanti fattori di rischio per l'esposizione alla criminalità organizzata. È noto infatti come Forcella rappresenti uno dei quartieri più pericolosi di Napoli ad alta densità criminale. Non è un caso che la camorra a Napoli sia presente proprio nei quartieri disagiati dove è alta l'esclusione sociale.

Ma non tutto è disperazione. A Forcella ci sono anche risorse culturali e istituzionali. È il caso della Chiesa Cattolica che attraverso la parrocchia, in primis, ha iniziato dei percorsi di rianimazione del territorio, cominciando proprio dalla creazioni di reti e dalla collaborazione degli attori presenti sul territorio: scuole, associazioni, imprese, famiglie, istituzioni ecclesiali. Queste azioni, tra cui alcuni corsi di formazione, hanno dato già dei frutti positivi in questo ultimo anno, ma soprattutto intendono essere una possibile risposta ai fattori di esclusione sociale.

Il questionario

Per capire l'esclusione sociale secondo un approccio multidimensionale, qualitativo e biografico, abbiamo scelto lo strumento dell'intervista guidata che permette di indagare in profondità le relazioni tra le variabili considerate, su un numero ristretto di soggetti intervistati. Un ulteriore motivo che ci ha spinto a tale scelta è legato agli scopi della ricerca, essendo questa di tipo esplorativo più che esplicativo. Abbiamo, infatti, optato per uno strumento di analisi aperto, con l'intenzione di individuare i diversi tipi di percorso di costruzione sociale del processo che conduce alla povertà.

Il presupposto di questo studio consiste nell'assumere l'esclusione sociale come un universo non univoco, né indifferenziato, né statico, ma che si presenta caratterizzato da una pluralità di fattori e di percorsi. È importante coglierlo nella sua dinamica, cioè nei suoi processi di costruzione mobile, evidenziando le diverse componenti.

Affrontare uno studio sulla esclusione sociale con metodi biografici non è una operazione nuova. La consapevolezza dell'importanza di variabili soggettive, nello studio dei percorsi e delle risposte alla condizione di povertà, ha radici antiche. Abbiamo preso in considerazione gli studi classici degli anni '20-30, nei quali proprio la Scuola di Chicago usò per la prima volta i documenti personali e le storie di vita. Furono queste le prime fonti privilegiate dell'analisi sociale.

Dalla seconda metà degli anni '90 le pubblicazioni hanno assunto, però, sempre più un tono di allarme sociale, giustificato dalla crescita della presenza dei poveri e degli esclusi e aggravato da un contesto di crisi produttiva, occupazionale e della finanza pubblica. In questo contesto gli studi empirici hanno come oggetto di analisi la «esclusione estrema», definita non solo dall'assenza di risorse prodotte dalle istituzioni sociali fondamentali di una società quali mercato, stato e famiglia, ma anche dalle risorse relazionali della comunità di appartenenza. La conclusione è che la lotta alla deprivazione, che è in stretta connessione con la criminalità organizzata, si realizza soprattutto tramite una maggiore attenzione data ai processi di socializzazione primaria e secondaria dei giovani.

Il questionario è stato diviso in diversi ambiti che definiscono il concetto di esclusione sociale. Il primo ambito, lo standard di vita, mira non solo ad ottenere una quantificazione monetaria delle entrate, ma anche ad indagare gli indicatori riguardanti il lavoro, la composizione familiare, le condizioni abitative e il senso soggettivo di deprivazione. L'obiettivo è quello di indagare il senso complessivo di deprivazione e/o di schiacciamento del livello di vita verso la soglia della sopravvivenza fisica; ad indagare sulle eventuali rinunce per soddisfare bisogni fondamentali e/o sulla presenza e il ricorso all'indebitamento.

Un indicatore che descrive ulteriormente le condizioni di vita delle famiglie è la difficoltà che esse hanno nell'acquistare alcuni beni e servizi essenziali come cibo, utenze per l'abitazione (gas, luce, telefono ecc.) o cure mediche. Le spese per consumo danno conto in misura solo deduttiva delle difficoltà cui deve far fronte la famiglia, scegliendo di rimandare le cure mediche, rinunciare all'acquisto di abiti, libri per i ragazzi o comprimere le spese per l'uso del telefono o per i trasporti.

Un secondo ambito riguarda le caratteristiche socioeconomiche. L'attenzione dedicata alla famiglia è dovuta all'importanza che questa assume per l'analisi della povertà e dell'esclusione sociale, in quanto ci fornisce le coordinate della provenienza socio-economica degli intervistati. Così è anche possibile capire se la condizione di esclusione si trasmetta da una generazione all'altra.

Sappiamo infatti che la famiglia è quel gruppo primario che conferisce una collocazione di classe all'individuo e che pertanto influenzerà la scelta di proseguire o meno gli studi, il tipo di lavoro, le aspirazioni professionali, l'aiuto materiale e morale fondato sulla reciprocità di relazione.

Dunque un primo campo di indagine riguarda la funzione di «predestinazione sociale» che la collocazione di classe ha sui soggetti intervistati, al fine di informarci su quanto pesino gli ostacoli «socialmente organizzati» che si trasmettano di generazione in generazione.

L'obiettivo è indagare quale incidenza ha sull'esclusione sociale dei componenti di famiglie con uno standard di vita basso. Guardando sia al livello di istruzione dei genitori, che alla collocazione professionale caratterizzata da lavoro e mansioni subordinate, possiamo dire che tutti si posizionano su una scala gerarchica estremamente bassa.

Un terzo ambito riguarda la formazione scolastica e professionale. La letteratura evidenzia che le traiettorie di vita delle persone escluse presentano un percorso di vita accidentato, che comincia nella fase della scolarizzazione. Si assiste così al fenomeno di giovani che hanno necessità di lavorare prima del conseguimento dell'obbligo scolastico, producendo una distorsione nella carriera formativa e lavorativa difficile da recuperare. Le cause sono da ricercare nelle necessità economiche familiari a cui si aggiunge, soprattutto per le donne, quella di curare persone ammalate in casa. Sappiamo infatti che gli esclusi integrano i tempi della scuola con quelli del lavoro. In tal modo non imparano un mestiere, ma realizzano un reddito che, se pur molto basso, contribuisce al mantenimento della famiglia e all'appagamento dei propri bisogni.

Un ulteriore ambito di domande è dedicato alla ricerca del lavoro, alle sue modalità e ai suoi tempi. Una questione rilevante riguarda le azioni di ricerca del lavoro svolte dagli esclusi. Sembra farsi strada, in letteratura, la convinzione che buona parte della esclusione sia da attribuire ad una responsabilità del povero stesso. Una responsabilità, quindi, da rintracciare innanzitutto tra i comportamenti inadeguati dei medesimi, soprattutto per quanto riguarda la volontà di lavorare e le strategie di ricerca del lavoro.

Il contesto lavorativo per gli esclusi del Mezzogiorno, nel migliore dei casi, è fatto di lavoro nero, sottoccupazione e precarietà e dunque è facilmente ipotizzabile che, essendo scarse le occasioni, i soggetti vivano ancora una condizione di subalternità rispetto ai bisogni materiali. Inoltre dove sono più scarse le opportunità e più lunghi i tempi di uscita dalla condizione di disoccupati, diminuiscono le azioni di ricerca di occupazione e la fiducia che si possa finalmente emergere dalla condizione di schiacciamento sui bisogni materiali, assumendo una posizione fatalistica e scoraggiata.

Lo scoraggiamento degli esclusi nel cercare lavoro, pur se precario e mal retribuito, può essere anche un effetto di un evento traumatico, di un fallimento, di una perdita. Una malattia, un collasso nervoso, una morte, una separazione, la nascita di un figlio disabile sono eventi che possono far precipitare una situazione all'apparenza «normale». Inoltre nel caso di Forcella non è impensabile ipotizzare che un ruolo importante lo giochi l'economia criminale, fatto di contrabbando, commercio di prodotti contraffatti, spaccio di droga e traffico d'armi.

Una risorsa importante che definisce la transizione o meno tra gli esclusi, sono le risorse di reciprocità, rappresentate da rapporti con familiari e amici. Gli aiuti in natura e/o in denaro che possono essere forniti dalla rete di aiuto informale (parenti e amici) rappresentano un'importante opportunità nei momenti di difficoltà economica e possono essere determinanti per favorire l'uscita delle famiglie da situazioni di deprivazione.

Nel 2002 l'Istat ha rilevato che il 4,9% delle famiglie residenti nel nostro Paese ha dichiarato di aver ricevuto una qualche forma di aiuto, ma sono i single con meno di 65 anni ad essere più aiutati dalla rete informale (7,7%).

In particolare si rileva un'evidente dinamicità della rete informale nel Mezzogiorno, dove sia gli aiuti in natura che quelli in denaro sono superiori alla media nazionale, anche se la loro consistenza quantitativa è inferiore alla media nazionale.

Certo gli aiuti informali sono anche quelli del vicinato, fondati su rapporti di reciprocità, cioè di prestazioni di servizi o la cessione di beni materiali, con la previsione di avere successivamente una restituzione di servizi o beni in modi, quantità e tempi fissati da norme culturali: il badare ai bambini o lo scambiarsi cibi e vestiti ne sono esempi.

Ultimo ambito di indagine riguarda lo studio della percezione del disagio personale. Trovarsi in condizione di esclusione da un punto di vista economico non si traduce necessariamente nel sentirsi poveri. Il concetto stesso di esclusione non è mai solo oggettivo e include valutazioni di natura soggettiva che derivano dal confronto con gruppi di individui o di famiglie all'interno di uno stesso contesto socio-territoriale. Questo vuol dire che una persona si percepisce esclusa quando ritiene di sperimentare delle deprivazioni insostenibili o comunque superiori a quelle della propria comunità di appartenenza. È stato Phillippe d'Iribarne, nel contesto dell'analisi dei processi di deprivazione, a introdurre il concetto di «povertà soggettiva», proponendo l'ipotesi che una certa evoluzione della società produce un miglioramento del benessere «oggettivo», ma una degradazione della percezione soggettiva del medesimo. Secondo questa ipotesi gli indicatori tradizionali come il reddito o il consumo delle famiglie povere avrebbero evidenti limiti nella «misurazione» del fenomeno. Anche noi pertanto abbiamo adottato questa strategia di indagine, ipotizzando che la percezione dell'esclusione produca un malessere che contribuisce a cristallizzare percorsi di permanenza nel mondo dell'esclusione.

Il campionamento

Per la ricerca ho optato per il tipo di campionamento a valanga (snowball); esso consiste nel chiedere alla gente intervistata di indicare altre persone disponibili a sottoporsi alle domande. In questo senso va intesa la metafora della valanga: man mano che si fanno le interviste il numero di intervistati cresce in proporzione geometrica.

Le prime persone ad essere intervistate sono state quelle che abitualmente si recano in parrocchia per chiedere aiuto o sostegno. È stato chiesto loro di rispondere ad una traccia di intervista alla fine della quale si chiedeva a ciascuno di indicare altre due persone disponibili a rispondere alle domande.

In questo modo è stato contattato solo chi presentava caratteri di esclusione.

L'analisi delle informazioni raccolte

Dati gli obiettivi prettamente descrittivi dell'indagine, il materiale raccolto tramite interviste aperte è stato analizzato privilegiando il livello ermeneutico e linguistico del discorso.

Attraverso un'analisi del contenuto sono state messe in evidenza le categorie di risposta più frequenti e maggiormente significative, fornendo una descrizione dettagliata delle opinioni emerse, correlata dalle citazioni degli interventi dei partecipanti. Sono quindi state raggruppate le risposte, nonché le motivazioni espresse in relazione alle singole scelte e situazioni esperenziali in base ad insiemi ben definiti.

Sono, inoltre, stati messi in luce meccanismi cognitivi di associazione di idee e di attribuzione di senso, in una sorta di interpretazione di natura introspettiva. Inoltre, la ricchezza del materiale raccolto ha permesso di far emergere i *frames of reference* usati dall'intervistato nell'atto di rispondere alle domande e di penetrare i significati e le esperienze legate alla vita di ciascun soggetto.

Come affermano Kahn e Cannell (1957, p.179), infatti, *la domanda aperta appare più adatta quando il nostro obiettivo non è unicamente quello di scoprire l'atteggiamento dell'intervistato nei confronti di un suo problema, ma anche di sapere qualcosa intorno al suo livello di informazione, alla struttura o base sulla quale si è formato la propria opinione, al sistema di riferimento entro il quale risponde alla domanda, e all'intensità dei suoi sentimenti a proposito.*

Per questo anche l'intervista in profondità può essere utilizzata molto efficacemente a scopi riflessivi in quanto, mentre la domanda chiusa permette di «classificare» l'intervistato in base ad una determinata caratteristica e quindi deve essere utilizzata soprattutto nel caso in cui al soggetto sia chiaro il proprio stato sulla proprietà, la domanda aperta consente di evidenziare il processo di formazione di un'opinione e di manifestare i criteri cognitivi con cui il soggetto valuta la propria posizione e formula la risposta.

Chiaramente, lo sforzo espressivo ha richiesto un'intensità relazionale tra gli attori protagonisti, tale da far sentire a proprio agio l'intervistato e metterlo nelle condizioni di rispondere liberamente, nella maniera più ricca possibile.

Il semplice calcolo delle frequenze dei tipi prevalenti è quindi stato affiancato dall'analisi dei profili dei partecipanti. Tale analisi è stata utilizzata in sede di presentazione dei risultati per individuare casi tipici di comportamento e di scelta di vita.

Le interviste

Le persone scelte, come già detto, sono del quartiere e sono coloro che quotidianamente vengono aiutate, nel percorso di esclusione ad inclusione, dalla mia comunità parrocchiale di San Giorgio Maggiore. Sono due uomini e otto donne conosciute da me e spesso anche visitate a casa. Non compaiono nomi per rispetto della legge sulla privacy. A volte mancano certi passaggi poiché gli intervistati mi chiedevano di interrompere la registrazione: avevano paura di raccontare certe verità che poi sono emerse nell'analisi finale.

Non dimentichiamo che il quartiere per anni ha vissuto sotto il dominio e la forza della criminalità organizzata, dove l'unica legge vincente era il silenzio.

Le interviste

4

Ho intervistato due uomini e otto donne. Queste ultime si sono dimostrate più disponibili al colloquio, anche se certe verità hanno voluto dirle a registratore spento. Le domande partono dallo stato di vita dell'intervistato, con il suo bagaglio culturale e familiare. La sua storia scolastica e quella lavorativa. La vita del quartiere e il suo standard. Infine il suo percorso di pauperizzazione e quello di esclusione sociale.

Le caratteristiche del soggetto intervistato e della sua famiglia

Una delle aree di interesse della ricerca ha riguardato le caratteristiche socio-familiari dell'intervistato con lo scopo di evidenziare le tappe rilevanti della vita dei soggetti bisognosi di aiuto e il loro contesto di vita.

Un primo elemento da sottolineare riguarda le differenze socio-familiari che tali soggetti presentano in relazione ad altri gruppi sociali. Dall'analisi svolta, infatti, emerge che i gruppi sociali esclusi non formano un'area sociale omogenea. Essi, tuttavia, si differenziano da altri gruppi per alcune caratteristiche-chiave: generalmente provengono da famiglie di origine numerose, sono coniugati in età giovanissima, spesso vivono in famiglie allargate, non hanno un'occupazione stabile, vivono in abitazioni fatiscenti, in case umide e buie, non hanno la possibilità di elevarsi culturalmente, frequentemente non hanno avuto accesso ad una formazione primaria continuativa.

E se, poi, c'è una rottura di legami coniugali, il rischio di esclusione è ancora più alto e più forte.

Riguardo alla famiglia di origine, prendiamo ad esempio tipico il caso della sesta intervistata, che racconta:

I miei genitori sono morti: papà aveva la quinta elementare. Era molto intelligente. Aveva un garage e si arrangiava. Mamma è famosa: M. C., colei che ha ispirato il film di Sofia Loren, «L'oro di Napoli». Pur di non essere arrestata ogni anno faceva un figlio. A casa eravamo diciannove figli. Vendeva le sigarette di contrabbando. Era la famosa contrabbandiera di Forcella. Si viveva bene.

Si tratta di un caso limite che, tuttavia, ben rappresenta il contesto socio-familiare di riferimento di Forcella. Per dirla con una frase emblematica di Chiara Saraceno, infatti, *il discorso sulla famiglia continuamente rimanda fuori di sé, all'analisi delle strutture sociali, dei rapporti e modi di produzione, delle condizioni di vita che (essi) determinano e dei modelli culturali e di valore che su di essi vengono elaborati* (Saraceno C., 1998, p. 46).

Ciò significa che è proprio nell'intreccio tra condizioni di vita, approccio culturale e valori individuali che deve essere rintracciato il significato attribuito alla famiglia numerosa nel contesto di Forcella. Effettivamente, sappiamo che in Italia da tempo nascono meno bambini che in qualsiasi altro paese del mondo [1]. Eppure, eredità della cultura contadina che specialmente del Sud assolveva anche ad un'importante funzione economica, avere tanti figli è ancora oggi emblematico dei gruppi sociali esclusi che non attuano pratiche di controllo delle nascite.

Ma la famiglia è una realtà sociale vitale, capace di assumere forme nuove e di rigenerarsi continuamente – come

[1] Secondo dati recenti divulgati dal Censis, la media nazionale è di 1,3 figli per donna. La percentuale minima è detenuta dall'Emilia Romagna, dal Friuli e dalla Liguria, quella massima, dalla Campania.

sostiene Donati (2006) – pertanto nei nuovi nuclei familiari si assiste ad una frammentazione generalizzata che rispecchia il *trend* che caratterizza la famiglia di oggi. La rottura di legami coniugali, infatti, è emerso come un altro fattore rilevante che aumenta il rischio di esclusione sociale.

Dicono a questo proposito alcune intervistate:

Sono sposata, ma ora convivo con un altro da otto anni. Il primo marito è durato 1 anno. Ora faccio la casalinga e ho 4 figli. La mia storia è travagliata. [...] Ora vivo con 4 figli e un secondo marito, che conviviamo. Un altro figlio vive con i nonni, e ha dei piccoli problemi nel parlare.

Effettivamente, rispetto ad altri paesi, sono pochi gli italiani che si sposano, ma assai meno sono quelli che si risposano dopo una rottura coniugale [2].

Sono divorziata da cinque anni. Però non voglio mettere i dati di quest'uomo che mi ha abbandonata quando ero incinta di mio figlio. [...] Ora convivo con un'altra persona da pochi anni. Anche se ultimamente l'ho cacciato perché non lavora e non porta i soldi. Sono casalinga. La mia vita è sempre sofferente.

Tale dato assume ancora più significato nell'ambito del contesto di Forcella, dove si può osservare una circolarità viziosa tra povertà, separazioni coniugali ed esclusione sociale. Se infatti è vero che la povertà e l'esclusione sociale aumentano il rischio di divorzi e separazioni, è anche vero che la solitudine e l'isolamento sociale derivati da fratture familiari determinano condizioni di mancanza del sostegno necessario per far fronte a situazioni di necessità. Pertanto si formano veri e propri *loop* negativi che aggravano situazioni già difficili dal punto di vista economico e sociale.

[2] Il Censis ci dice che sul totale dei matrimoni le seconde nozze sono solo il 5% in Italia, mentre sono il 18% in Francia, il 27% in Germania e addirittura il 35% in Inghilterra e Svezia.

Situazioni ancora più complicate si hanno nel caso di famiglie con disabili a carico. Dice la settima intervistata:

Sono nata nel '50. Sono sposata, ma separata consensualmente. Il matrimonio è stato celebrato nel 1970, ma da 14 anni lui non c'è più. Non lavoro perché sto sempre vicino alla mia figlia che ha bisogno di continue cure perché ho una figlia che tiene problemi. [...] Vivo in affitto con mio figlio di 15 anni e la figlia disabile di 33.

Chiaramente, la dipendenza da persone, circostanze e processi e l'incapacità di libera autodeterminazione costituiscono alcuni tra i fattori di esclusione sociale più rilevanti che hanno una diretta influenza anche sui familiari del disabile costretti all'assistenza ventiquattr'ore su ventiquattro.

Sono state rilevate anche situazioni di degrado dovute a problemi di giustizia. Di solito è in carcere il capofamiglia e ciò influisce sui ritmi e l'economia familiare in modo rilevante. Due dichiarazioni, in particolare, possono essere considerate emblematiche perché rappresentano la problematica sotto più punti di vista:

Il mio marito ha 37 anni. Ha la quinta elementare. Ma ora è disoccupato. Comunque qualche volta lavora. Si droga e per questo oggi è in carcere.

La mia storia è vissuta in un quartiere rovinato perché manca il lavoro e la delinquenza aumenta. E poi non deve giudicare chi sbaglia, perché «nessuno vò sbaglia'».

La scuola

Un altro fattore rilevante nel tratteggiare le caratteristiche principali del percorso di pauperizzazione ed esclusione sociale è la formazione scolastica. L'accesso all'istruzione e alla formazione costituisce, infatti, uno degli elementi fondamentali che permette l'acquisizione di capacità, competenze e professionalità che costituiscono il capitale umano (scolarità, capacità, professionalità acquisite) di ciascun soggetto.

Un aspetto comune alle esperienze degli intervistati è l'interruzione della scuola primaria. Solo in un caso la formazione è stata più continuativa ed è giunta ad un livello di scolarizzazione secondario.

Inoltre possono evidenziarsi due diversi atteggiamenti: uno di tipo negativo influenzato da un'esperienza non buona nei confronti della scuola primaria; uno di tipo positivo basato su un buon ricordo soprattutto degli aspetti legati all'infanzia e alle amicizie coltivate in quel periodo.

Riguardo al primo atteggiamento rileviamo due dichiarazioni significative:

Non sono andata più perché mi «sfastiriavo»°. *Perché gli insegnanti non mi hanno mai aiutato. Non mi capivano. Erano sempre ingazzati.*

Dalla scuola non ho ricavato niente. «Nient'e buono»

Nel primo caso si evince una situazione di disagio scolastico dovuto a relazioni non positive con il gruppo dei pari e dei docenti. Nel secondo si evidenzia un giudizio sugli insegnamenti tratti dalla scuola che non sono risultati, visibilmente, validi per far fronte alle difficoltà e alle esigenze poste in essere dalla vita.

È evidente che tali giudizi non sono indenni dall'influenza che i genitori hanno avuto sulle scelte dei soggetti.

A tale proposito infatti alcuni intervistati raccontano:

Mamma diceva: «Non fa niente, statt 'a cas»°°. *Perciò non ho nessun titolo.*

° Mi annoiavo.
°° Resta a casa.

Gli stessi genitori infatti in molti casi non solo non hanno incentivato i figli ad andare alle elementari, ma hanno ostacolato persino la scolarizzazione dei figli per far fronte alle difficoltà economiche familiari.

Sì, i genitori hanno influito perché c'era la miseria a casa. Era necessario. Mamma mi diceva spesso: «Va' a fatica'»°.

Non sono rari dunque i casi in cui l'abbandono scolastico è stato il risultato di una scelta forzata o, comunque, obbligata dalle condizioni familiari.

In diversi casi inoltre l'abbandono ha rappresentato una scelta sofferta da parte dell'intervistato che ha dimostrato di avere un ricordo positivo della propria esperienza scolastica:

Ho dei ricordi bellissimi. Anche i rapporti con gli insegnanti sono stati bellissimi. Per la strada quando vedo gli insegnanti mi salutano e li saluto: «'a maestra».

Non si può poi dimenticare la vivacità infantile ammessa dagli stessi intervistati che in alcuni casi ha contribuito ad un abbandono precoce della carriera scolastica. Racconta un'intervistata a questo proposito:

Avevo dei buoni rapporti con gli insegnanti e i compagni, però ero terribile. Sono andata via dalla scuola perché ero terribile. Mi hanno cacciato dalla scuola.

Dopo la scuola sono andata a fare la commessa in un negozio di abbigliamento. Mi arrangiavo per portare avanti la famiglia.

Bisogna infatti ricordare il ruolo fondamentale e, in alcuni casi, quasi missionario svolto dalle istituzioni scolastiche del quartiere che per molti rappresenta l'unica agenzia di socializzazione primaria che, a fianco della famiglia, si fa

° "Vai a lavorare".

carico dei problemi sociali del luogo e del rischio di criminalità e devianza cui sono esposti i ragazzi.

Il lavoro

La storia lavorativa e la ricerca del lavoro rappresentano un'altra area di interesse nel tratteggiare le caratteristiche-chiave dell'esclusione sociale.

Dalle interviste è emerso un rapporto duplice con il lavoro: da una parte esso viene deplorato come elemento di principale carenza, dall'altra l'atteggiamento nei confronti della ricerca di un'occupazione non risulta particolarmente attivo e aperto a qualsiasi condizione.

Riguardo al primo aspetto, è da evidenziarsi come alcune caratteristiche anagrafiche, geografiche e di appartenenza sociale corrispondano a stigmi che rendono sicuramente meno appetibile l'offerta di lavoro: tra questi vi è la provenienza da un quartiere rinomato come a rischio e di brutta fama – come è considerata la stessa Forcella –, il genere femminile spesso legato ad incombenze familiari di un certo peso, alle condizioni sociali, di salute e familiari.

Sono disoccupata. Sono abile al lavoro. Mi arrangio a pulire il Bingo. [...] Si vive per il pane. I tipi vari di lavori fatti, sempre manuali, non mi hanno dato niente, solo il pane. Comunque cerco lavoro a Napoli anche se il mio quartiere non offre opportunità di lavoro. [...] Ho chiesto aiuto sempre a parenti, amici e conoscenti. Lo chiedo a tutti. Mi sono rivolta anche ai politici.

«Arrangiarsi» diviene normalità in un contesto dove la condizione lavorativa è al limite della legalità. Gli unici lavori disponibili sono infatti irregolari (i cosiddetti «lavori a nero») e non prevedono né contributi, né ferie, né attenzione per la sicurezza: normalmente per le donne si tratta di impieghi presso imprese di pulizie o, per le più fortunate, come collaboratrici domestiche; per gli uomini come operaio edile, parcheggiatore abusivo o lavoratore stagionale.

Ora convivo con uomo che ho fatto storie perché non porta i soldi. Con quest'ultimo uomo ho avuto due figli, uno di 5 anni, l'altra di 2. Fa il guardamacchine. Oggi lavora a nero guardando le macchine, lo fa due volte alla settimana. Non sta nello stato di famiglia.

In altri casi, i lavori rientrano nella sfera dell'illecito e riguardano sia il furto, sia la truffa (come nel caso del cosiddetto «pacco ai turisti»[3]), sia, ancor peggio, il contrabbando o il traffico di droga e armi al servizio dell'attività criminale.

Sono sposato da 8 anni. Disoccupato. Lavoro e mi arrangio facendo i pacchi alla ferrovia. [...] Vivo ancora con i miei genitori, anche se ho un figlio di 6 anni e sono sposato civilmente da 8 anni. [...] Il motivo è che non possiamo permetterci di affittarci una casa per stare insieme. Di questo io soffro molto. Cosa dire? Il mio quartiere non offre niente. Ma farei qualsiasi lavoro per portare la famiglia a casa. «A fatica non l'ho mai schifat»[°].

Alle domande di approfondimento sulla disponibilità a trovare lavoro altrove, però, sono state ricevute risposte quasi unanimi di indisponibilità a spostarsi da Forcella. L'attaccamento è, sì legato alla famiglia, ma anche ad una sorta di fato («la ciorta») che lega indissolubilmente l'individuo al luogo in cui è nato e vissuto.

[3] Si tratta di una truffa a danno principalmente dei turisti. L'inganno consiste nel mostrare all'acquirente un oggetto, normalmente di alta tecnologia (telefono cellulare, stereo HF, etc.) offerto ad un prezzo molto competitivo e poi, dopo il pagamento, con un abile gioco di prestigio inserire nella scatola una pietra o un qualsiasi altro sostituto che viene venduto al posto dell'oggetto.

[°] Non ho mai rifiutato il lavoro.

Non sono disposta ad andare in nessuna altra città, voglio lavorare dove Dio mi ha creata. "Me piace Napule".

Il quartiere

Un altro aspetto analizzato riguarda la vita del quartiere. L'approfondimento di questa area nasce dal presupposto che il radicamento nella comunità locale del quartiere fa riferimento all'estensione e alla qualità delle reti sociali di riferimento che comportano a loro volta reti di solidarietà o aiuto.

Il dato che salta più all'occhio, dall'analisi delle risposte ottenute è la solitudine che caratterizza i soggetti intervistati e per lo più le donne.

Le persone che frequento? Nessuno. Non ho amici. Vedo solo mia sorella che mi è vicina. Conosco solo il sacerdote e a lui mi rivolgo anche nelle decisioni. Vedo i genitori ogni tanto. Abitano vicino.

Non lavorando, le intervistate, passano il loro tempo a casa o in chiesa, senza rapporti umani stabili al di fuori della famiglia.

Non frequento nessuno perché ho paura, sono sempre sola seppur giovane. [...] Sto in casa perché mio marito è geloso.

Tale dato risulta ancor più significativo se si pensa alla condizione di segregazione sociale che caratterizza i soggetti in questione, specialmente in relazione a rapporti familiari morbosi e di estrema chiusura (vedi il caso tipico della moglie chiusa in casa dal marito geloso).

Diventa così ancor più difficile il sostegno e l'intervento dei servizi sociali, che non riescono a penetrare facilmente nelle situazioni di maggiore necessità.

Accanto alla solitudine si nota poi il timore che gli intervistati dimostrano in relazione al contesto urbano dove vivono. La paura assume un particolare significato rispetto ai figli che difficilmente riescono ad essere protetti dai rischi della malavita.

Ho paura per i miei bambini perché seppur ignorante desidero per loro un futuro diverso dal territorio. Poi dove abito io si spaccia droga in continuazione. Fa paura. F. la prima bambina sta diventando ribelle perché sta sempre per la strada e impara cose che non le fanno bene.

L'ascendente contaminante che il gruppo dei pari esercita nei confronti degli adolescenti, infatti, in molti casi risulta deleterio per i giovani di Forcella che si vedono costretti ad entrare nei giri di traffico di droga sostenuti dal crimine organizzato. Così ci sono molti giovani che fin da piccoli sono corrieri ad alto rischio.

D'altra parte, come sottolineano gli intervistati, il territorio urbano di Forcella non presenta alternative valide, né luoghi di aggregazione diversi.

I servizi sul territorio? La scuola è buona. Mentre non ci sono luoghi di aggregazioni, "non 'ce sta nu cinema".

Dalla constatazione della carenza di strutture sul territorio e della lentezza con cui agli interventi sociali segue il cambiamento, si afferma un sentimento di scoraggiamento degli abitanti del quartiere che spesso riconoscono di non nutrire alcuna speranza.

Non c'è futuro per questo quartiere. Qui si spaccia davanti ai bambini, non c'è vita. Non ci sono luoghi di aggregazione. L'unica speranza è solo la chiesa. Vado in chiesa per sentire una parola di conforto.

Proprio questo, d'altra parte, è l'ostacolo culturale più difficile da rimuovere negli abitanti di Forcella: arrivare a credere che qualcosa cambierà e agire affinché ciò si realizzi è la sfida che tutte le istituzioni presenti sul territorio devono cogliere.

Gli standard di vita

Nonostante contribuiscano diversi fattori alla definizione dell'esclusione sociale, uno degli elementi più rilevanti è costituito proprio dalla incapacità di disporre di beni ritenuti essenziali.

L'esclusione dal lavoro, infatti, comporta condizioni di estrema pauperizzazione in cui alla mancanza di un reddito fisso si affianca anche la precarietà abitativa e spesso anche familiare:

La mia storia è travagliata: sempre sofferente, a volte vivo con 'a famme. Semp senza sold. [...] Non ho nessun reddito. Arrivo a fine mese con grande difficoltà, facendo debiti. Sento la mancanza del cibo e del mancato pagamento delle bollette. Non posso farmi un viaggio.

Queste situazioni diventano appetibili per l'usura, che nel quartiere soggioga molte famiglie. Confessa la sesta intervistata:

Arrivo a fine mese con grande difficoltà, facendo debiti. Sto in mano agli usurai. Sento la mancanza del cibo e del mancato pagamento delle bollette. I miei figli mi chiedono: mamma stasera mangiamo? Io le rispondo: non domandarmelo.

Da queste considerazioni, l'una di sostanza l'altra di metodo, derivano due conclusioni di ordine generale. La prima è che non è più sufficiente limitarsi alla conta dei poveri attraverso misure e parametri che si basano esclusivamente sulla dimensione del reddito. La seconda è che è necessario introdurre criteri nuovi tra cui vi sono proprio i protesti, le vittime dell'usura, e il mancato pagamento delle bollette per i servizi di rete.

L'incidenza del problema si fa sentire specialmente in relazione ai figli per i quali gli intervistati aspirano ad un futuro diverso.

Se non fosse per mamma e per la chiesa morirei di fame. Ho paura per i miei bambini perché seppur ignorante desidero per loro un futuro diverso dal territorio.

L'emergenza abitativa rientra in questo quadro di disperazione. La questione casa è ormai cruciale nell'intera regione e ancor più nel quartiere di Forcella.

L'abitazione è in affitto, ho lo sfratto. Il 3 luglio devo andare via per forza. La causa è terminata da tempo. Ho avuto tante proroghe, ma nessuna casa ho trovato perché senza reddito nessuno ti dà niente. Per la casa comunale non c'è possibilità perché non c'è il bando e poi perché ci sono davanti a me migliaia ancora di famiglie, alcune da 20 anni che aspettano la casa. È di due vani con la cucina e un bagno. La casa è in palazzo fatiscente.

Effettivamente l'emergenza casa è un problema comune a tutta l'Europa e contribuisce fortemente all'esclusione sociale. In tutta Europa ben tre milioni di persone sarebbero senza casa, mentre 18 milioni alloggerebbero in condizioni al di sotto degli standard di vivibilità[4]. Un Rap-

[4] Nell'appello dei movimenti del Forum Sociale Europeo si legge: «L'abitazione è un altro fattore di quella condizione generale di precarietà che contraddistingue la nostra epoca. A milioni di cittadini che abitano l'Europa, tra i quali tantissimi migranti, moltissimi giovani e una fetta consistente di popolazione anziana ridotta in povertà, non è riconosciuto il diritto a vivere in modo dignitoso». Habitat International Coalition (HIC) ha lanciato un appello per l'inserimento del Diritto alla Casa nella Carta Europea dei Diritti Fondamentali, raccogliendo l'adesione di centinaia di associazioni, sindacati inquilini, comitati di senzatetto, ricercatori, cooperative, parlamentari, eletti locali, provenienti da tutti i paesi dell'Unione Europea. Finora, però, questo appello è stato completamente ignorato.

porto dell'ONU sull'esclusione sociale, pubblicato nel 2003, ha affermato che *se l'attuale globalizzazione non verrà modificata, entro il 2030 saranno due miliardi le persone che nel mondo vivranno nelle baraccopoli* (UNDP 2003).

Accanto alla critica situazione abitativa vi è il problema della camorra, che non solo rappresenta in molti casi l'unica istituzione riconosciuta sul territorio, ma che spesso riempie quei vuoti lasciati dallo Stato e dai servizi sociali.

In alcuni casi gli intervistati hanno confessato di non avere a disposizione uno «stipendio pagato dalla camorra», la qual cosa fa pensare alla normalità e alla frequenza con cui si presenta nella maggior parte dei casi la situazione di sostegno familiare di stampo malavitoso.

Non essendo mio marito parte di una vera organizzazione non abbiamo lo stipendio dalla camorra. Solo la chiesa ci aiuta ogni tanto.

È inoltre da sottolineare il ruolo della parrocchia di Forcella, che in questi ultimi anni si sta impegnando per diventare un punto di riferimento alternativo nel quartiere per le situazioni di emergenza e di difficoltà economica. Ciò ha comportato una rottura di equilibri interni alle istituzioni lecite e illecite presenti sul territorio che sta man mano andando ricomponendosi, pur non senza difficoltà (cfr. cap. 5).

Percorsi di pauperizzazione e di esclusione sociale

L'approccio di studio che abbiamo utilizzato prende spunto da una letteratura maturata nel Nord d'Italia negli anni Novanta, che tende a studiare l'esclusione sociale attraverso strumenti di analisi biografica, con i quali si evidenziano i processi e gli eventi traumatici che caratterizzano la storia di soggetti coinvolti in percorsi di deriva e di completa rottura delle relazioni con la società ufficiale. Secondo questo approccio, pertanto, risultano rilevanti non tanto i gruppi o le aree sociali colpiti da processi di deprivazione, quanto i percorsi individuali favoriti da un aumento della «vulnerabilità» (Castel, 1998) e precarizzazione sociale, dall'anonimato e dalla formalizzazione delle relazioni urbane. In questi studi, quindi, le risorse relazionali e la città sono i nuovi fattori che definiscono il discorso sulla deprivazione.

Nel Mezzogiorno, tuttavia, l'esclusione sociale può essere ancora efficacemente descritta lungo i caratteri della cronicità e del «circolo vizioso» di una pluralità di fattori di svantaggio tra loro cumulabili. Famiglie numerose, residenti in quartieri socialmente svantaggiati – in termini di servizi sociali, livelli di disoccupazione, criminalità, qualità della vita e di isolamento – delle aree metropolitane o interne del Mezzogiorno. La mancanza di lavoro, ad esempio, ha effetti disgreganti su tutto il ciclo di vita familiare: la povertà dei bambini in quanto figli di disoccupati si ripercuote nel periodo della giovinezza, o dell'età adulta, perché essi non hanno avuto né opportunità, né sufficienti motivazioni ad accedere ad una formazione che consentisse di essere competitivi sul mercato del lavoro.

L'esclusione è un fenomeno che investe varie dimensioni della vita di una persona, perché accanto alla forma più evidente di povertà è possibile trovare altre espressioni di essa, che toccano varie sfere dell'esistenza, come quella della cittadinanza, della salute, dell'abitazione e del lavoro. Inoltre l'esclusione non può essere considerata una condizione statica e costante ma deve essere considerata una «carriera», una traiettoria che come tale ha una dinamica processuale in quanto ogni soggetto nel corso della propria biografia può sperimentare fasi di caduta in situazioni di impoverimento e fasi di risalita da esso. Questa almeno è l'ipotesi più accreditata, in contesti di ricchezza, della esclusione.

L'esclusione sociale infatti è un fenomeno sempre più diffuso nella nostra società e può riguardare anche soggetti che, almeno apparentemente, versano in condizioni di normalità e di benessere. Il venire meno di alcune «reti di sostegno» – sia familiari che comunitarie – può portare, in talune circostanze, a far cadere in condizioni di isolamento e di bisogno anche soggetti «forti» e ben inseriti nel contesto lavorativo e sociale. L'esclusione sociale è quindi una forma di deprivazione materiale e di fragilità che non riguarda esclusivamente la povertà economica e il disagio estremo, ma anche carenze rispetto ai legami familiari e sociali, ai sistemi abitativi, alla formazione o all'integrazione lavorativa e sociale. Si tratta, quindi, di un fenomeno prodotto dall'interazione di una pluralità di fattori di rischio che, limitando le capacità delle persone, ne mettono a repentaglio l'integrità e impediscono loro di raggiungere un livello adeguato di qualità della vita.

Provando a sintetizzare le caratteristiche proprie dei percorsi di pauperizzazione ed esclusione sociale degli intervistati, possiamo dire che l'esclusione degli abitanti di Forcella bisognosi di aiuto è un concetto che può essere definito in riferimento ai seguenti aspetti:

– l'incapacità di disporre di beni ritenuti essenziali;

– il mancato accesso all'istruzione, ai servizi sociali e sanitari, alla formazione;

– la mancata partecipazione sociale e le reti di relazioni individuali e familiari;

– la dipendenza da persone, circostanze e processi che determinano l'incapacità di libera autodeterminazione di aspetti fondamentali della vita;

– il basso capitale umano (bassa scolarità, poche competenze e professionalità acquisite);

– il mancato radicamento nella società locale (estensione e qualità delle reti sociali di riferimento);

– il tipo di famiglia (famiglia estesa o mancante di un genitore) e il tipo di dinamiche che si sviluppano al suo interno (non poter contare su più fonti di lavoro e di reddito, avere molti bambini, anziani o persone con handicap in famiglia);

– caratteristiche anagrafiche che corrispondono a stigmi sociali o rendono meno appetibile l'offerta di lavoro (genere, età, luogo di nascita, condizioni particolari di salute).

– la mancata partecipazione sociale;

– il mancato coinvolgimento politico e l'integrazione sociale.

Come si può notare dunque si tratta di un fenomeno né statico né monodimensionale. Esso è piuttosto una realtà che fa leva sul cosiddetto «effetto cumulo», ossia sulla circolarità viziosa del processo che a partire da una prima tappa comporta un «affossamento» sempre più profondo e difficile da risalire.

A questo proposito in un testo su un altro quartiere di Napoli[5], Enrica Morlicchio, così si esprime: *Per quel che riguarda le famiglie, l'indagine si è concentrata soprattutto sulle situazioni di disagio estremo non perché esse rappresentino la situazione media o prevalente del quartiere, ma perché all'interno di esse si generano i problemi più gravi e su di esse pesano maggiormente sia le carenze della situazione economica, in particolare le scarse possibilità occupazionali, sia le carenze istituzionali e dei servizi. In questo capitolo inoltre […] viene fatto riferimento alla letteratura internazionale che si è occupata dei processi di ghettizzazione all'interno di aree metropolitane. Da essa risulta che «l'effetto di concentrazione» (cioè il concentrarsi degli elementi di svantaggio) deriva da un processo di causazione circolare, per cui alla perdita delle occasioni di lavoro si somma una riduzione dei contatti che potrebbero aiutare a uscire dalla disoccupazione e dal contesto segregante del quartiere. In effetti anche dalle interviste alle famiglie risulta come la situazione occupazionale sia andata peggiorando negli ultimi anni e come questo si sia riflesso anche*

[5] Si tratta di Scampia.

nel degrado sociale e nella spinta alla devianza. (Morlicchio 1999, p. 46).

Anche in relazione a Forcella, possono dunque essere evidenziati tre aspetti generali relativi all'esclusione sociale:

– la multidimensionalità (la povertà materiale è un aspetto centrale dell'esclusione sociale, ma non decisivo);

– la processualità dinamica nel tempo con effetti durevoli o cumulativi;

– la stratificazione a più livelli (individuale, familiare, ecc.) dei processi di esclusione.

È da notarsi, però, che mentre il rischio di esclusione sociale fa riferimento a una pluralità di bisogni, le politiche pubbliche sono tradizionalmente frammentate, poiché fanno capo ad una pluralità di soggetti e sono strutturate in settori di intervento separati (politiche sociali, sanitarie, dell'istruzione, del lavoro, territoriali, industriali); inoltre queste politiche sono spesso condizionate da logiche di emergenza e pertanto assumono natura assistenziale senza riuscire ad attivare soluzioni preventive e permanenti ai problemi.

Per far fronte a tale problema è necessaria una progettualità di intervento che deve essere guidata da una volontà politica acuta e unitaria. Effettivamente, la politica non può rimanere indifferente alla grave situazione di isolamento economico-sociale che sta vivendo il quartiere di Forcella. Dalle interviste è invece emersa una latitanza delle istituzioni che non hanno saputo investire né prevedere il *tunnel* che Forcella stava imboccando.

Segue dunque un invito forte a creare relazioni, a saper investire sul territorio con lo sviluppo del mercato, a realizzare politiche sociali che aiutino gli abitanti a costruire un futuro diverso per i propri figli.

La risposta della Chiesa

5

Tutta l'attività della Chiesa è espressione di un amore che cerca il bene integrale dell'uomo: cerca la sua evangelizzazione mediante la Parola e i Sacramenti, impresa tante volte eroica nelle sue realizzazioni storiche; e cerca la sua promozione nei vari ambiti della vita e dell'attività umana. Amore è pertanto il servizio che la Chiesa svolge per venire costantemente incontro alle sofferenze e ai bisogni, anche materiali, degli uomini ha affermato papa Benedetto XVI nella sua prima Lettera Enciclica *Deus Caritas Est.* Nella «*Centesimus Annus*», Lettera Enciclica di Giovanni Paolo II, è scritto che l'evangelizzazione della Chiesa passa anche attraverso *il suo impegno sociale.* I mali e i problemi dell'uomo non sono indifferenti alla fede. Infatti il Concilio Vaticano II nella costituzione *Gaudium et Spes* afferma: *Le gioie e le speranze, le tristezze e le angosce degli uomini d'oggi, dei poveri soprattutto e di tutti coloro che soffrono, sono pure le gioie e le speranze, le tristezze e le angosce della Chiesa.*

Questa formazione e l'assoluto amore all'uomo mi ha spinto nel quartiere Forcella a tenere sempre aperta la porta della mia parrocchia ad ogni essere umano, piccolo o grande, buono o cattivo, che ogni giorno viene a bussare alla mia porta. Ormai è dall'1 ottobre del 2000 che è iniziata la mia missione in questo quartiere dove l'assenza di ogni struttura ha consolidato i poteri dei criminali. Il mio primo giorno a Forcella rimane indimenticabile. Mentre visitavo, giovane prete di appena 27 anni, il territorio che il vescovo mi aveva affidato, due sentinelle del rione mi buttarono a terra e quelle mani sono ancora presenti sul mio petto. Non conoscendomi, mi avevano scambiato per un infiltrato o peggio ancora, avevano pensato a un uomo del clan avversario. Solo dopo pochi giorni vennero in sacrestia per chiedermi scusa e lì capii che il quartiere era completamente abbandonato da tutti, non solo dallo Stato ma anche dalla Chiesa. Da quel giorno il mio impegno per il riscatto del territorio è iniziato senza sosta, all'inizio con poche persone; nonostante le continue minacce, tante volte dirette o indirette, il mio lavoro di *assistente sociale* (o come qualcuno è stato così generoso da definirmi *infermiere del quartiere*), è continuato rafforzandosi. Poi, con la morte della piccola innocente Annalisa Durante il 27 marzo del 2004.

Mi ha dato tanto coraggio il sorriso dei bambini, che abbandonati a se stessi vivono quasi tutto il giorno per i vicoli del rione, preda facile del male, senza riferimenti e senza adulti alla guida. E così la gioia di fare qualcosa per loro e per i più deboli, mi ha portato a creare una mentalità che è quella di fare forza sulle associazioni di volontariato, mettendole in rete sul territorio e realizzando strutture che prima erano inesistenti. E proprio della dottrina sociale della Chiesa e di quello che la mia parrocchia ha incarnato da essa, parleremo nei prossimi paragrafi.

La Dottrina Sociale della Chiesa

Il punto di riferimento resta ancora oggi l'Enciclica *Gaudium et Spes* del 1966. La comunità dei credenti vive nel mondo e non può fuggire da esso perché la salvezza di Cristo è per il mondo. La Chiesa sa distinguere il potere che è nelle funzioni dello Stato che amministra e forma la polis, dal potere "delle chiavi" di cui parla Gesù nel vangelo di Matteo, quando affida agli apostoli l'autorità di battezzare e di predicare il vangelo. Essa è nel mondo, ma non è del mondo, ci ricorda Gesù nel vangelo di Giovanni. Perciò la Chiesa non può identificarsi o confondersi con la comunità umana, ma nei suoi confronti non può stare a guardare o, peggio ancora, essere indifferente. La Chiesa si preoccupa della vita umana nella società, nella consapevolezza che dalla qualità del vissuto sociale, ossia delle relazioni di giustizia e di amore che lo intessono, dipende in modo decisivo la tutela e la promozione delle persone, per le quali ogni comunità è costituita. Nella società, infatti, sono in gioco la dignità e i diritti della persona e la pace nelle relazioni tra persone e tra comunità di persone.

Beni, questi, che la comunità sociale deve perseguire e garantire.

In tale prospettiva, la dottrina sociale assolve un compito di annuncio e anche di denuncia (cfr. Compendio 2004, 81). Di *annuncio*, nel senso di "annunciare ciò che la Chiesa possiede di proprio": la sua visione globale dell'uomo e dell'umanità. Con tale dottrina la Chiesa non persegue fini di strutturazione e organizzazione della società, ma di sollecitazione, indirizzo e formazione delle coscienze. Di *denuncia*, nel senso di "denunciare il peccato": il peccato di ingiustizia e di violenza che in vario modo attraversa la società e in essa prende corpo. Tale denuncia si fa giudizio e difesa dei diritti disconosciuti e violati, specialmente dei diritti dei poveri, dei piccoli, dei deboli, dei senza lavoro e senza casa.

Quando sono arrivato a Forcella un amico di nome Giovanni mi mandò una email molto significativa. Diceva: *Gesù amava incontrare le persone singolarmente e le guariva*. Incontrare le persone singolarmente: questo è il chiodo fisso di ogni prete. Quante mani il sacerdote tocca lungo la sua missione e sempre per liberare e guarire l'uomo dai suoi mali. Come Gesù era innamorato dell'uomo, così la Chiesa lungo la sua missione opera, camminando accanto all'uomo.

Potremmo dire con don Tonino Bello, già Vescovo di Molfetta, morto giovane a causa di una grave malattia nell'aprile del 1993, che la vera immagine della Chiesa è quella del *grembiule*. Un semplice panno bianco che Gesù si cinse ai fianchi e con il quale, nell'Ultima Cena, insieme a un catino, si mise a lavare i piedi ai discepoli. E poi disse: *Come ho fatto io fate anche voi.* Fare come Gesù è il compito di ogni battezzato, di ogni figlio di questa Chiesa. Così nasce la dottrina sociale della Chiesa. È bello poter leggere il *Compendio della Dottrina Sociale della Chiesa*, voluto tanto da Giovanni Paolo II e presentato nel 2004 dal presidente del Pontificio Consiglio della Giustizia e della Pace, il cardinale Renato Raffaele Martino. In esso troviamo in maniera sintetica, ma esauriente, l'insegnamento sociale della Chiesa: la Chiesa vuole promuovere *un umanesimo integrale e solidale* (cfr. Compendio 2004, 7) perché l'insegnamento e la diffusione della dottrina sociale fanno parte della *missione evangelizzatrice della Chiesa* (Lettera Enc. *Sollecitudo rei Socialis*, 1988, 571-572).

Un umanesimo integrale si realizza quando c'è l'impegno di tutte le forze. Il papa Giovanni Paolo II nella sua lettera enciclica *Centesimus Annus* afferma proprio questo concetto: *I gravi problemi sociali possono essere risolti soltanto mediante la collaborazione tra tutte le forze.* E aggiunge, poi: *Quanto alla Chiesa, essa non lascerà mai mancare in nessun modo l'opera sua.*

I punti forti della dottrina sociale della Chiesa sono:

– la persona umana è creatura di Dio e si contraddistingue nel suo essere immagine di Dio. Perciò l'uomo è *capax Dei*, non è essere solitario, bensì per sua natura è un essere sociale. L'uomo è creato da Dio come uomo e donna (Catechismo della Chiesa Cattolica 1992, 356-358). Hanno la stessa dignità e sono di eguale valore. Sono affidatari della loro vita: *Domanderò conto della vita dell'uomo all'uomo* (Genesi 9,5). Ogni persona è aperta alla trascendenza, è unica e irripetibile.

– Il valore della libertà, una libertà responsabile e non una libertà di sfruttamento arbitrario ed egoistico. Tutta la creazione, infatti, ha il valore di «cosa buona» davanti allo sguardo di Dio, che ne è l'autore. L'uomo deve scoprirne e rispettarne il valore. Il retto esercizio della libertà personale esige precise condizioni di ordine economico, sociale, giuridico, politico e culturale che troppo spesso sono misconosciute e violate. Troviamo tante volte situazioni di accecamento e di ingiustizia che gravano sulla vita tanto dei forti quanto dei deboli che entrano così nella tentazione di peccare contro la carità. La libertà viene rispettata quando a ciascun membro della società è consentito realizzare la propria personale vocazione.

– I diritti umani: diritto alla vita, alla famiglia, al lavoro, alla casa. La Chiesa valuta positivamente «Dichiarazione universale dei diritti dell'uomo» delle Nazioni Unite del 10 dicembre 1948; proprio Giovanni Paolo II li definì: *Una vera pietra miliare sulla via del progresso morale dell'umanità.*

– Il valore dell'unità, della giustizia e della pace. La Chiesa è per natura chiamata all'unità e a denunciare ogni forma di ingiustizia. Diceva bene il cardinale Martino: *Solo se togliamo le ingiustizie questo mondo vedrà finalmente la pace* (R.R. Martino 2005, 12).

– Il principio del bene comune. Nella *Gaudium et spes* si dice: *Per bene comune si intende l'insieme delle condizioni della vita sociale che permettono sia alle collettività sia ai singoli membri, di raggiungere la propria perfezione più pienamente e più celermente*. Il bene comune può essere inteso come la dimensione sociale e comunitaria del bene morale. Una società che vuole rimanere al servizio dell'essere umano è quella che si propone come meta prioritaria il bene comune, in quanto bene di tutti gli uomini e di tutto l'uomo.

– La destinazione universale dei beni è la conseguenza del vivere il bene comune. C'è un principio base: il bene della terra è un bene comune e universale, che abbraccia tutti i popoli. Siamo abitanti dello stesso pianeta e questo vale sopra ogni egoismo nazionalista. In altre parole Dio ha destinato la terra con tutto quello che in essa è contenuto all'uso di tutti gli uomini e popoli. Sicché i beni creati devono pervenire a tutti con equo criterio, avendo per guida la giustizia e per compagnia la carità (cfr. *Gaudium et spes* 843-845).

– Il principio di sussidiarietà, che è tra le più costanti e caratteristiche direttive della Dottrina Sociale, presente fin dalla prima grande enciclica sociale *Rerum Novarum* di Leone XIII (1892). È impossibile promuovere la dignità della persona se non prendendosi cura della famiglia, dei gruppi, delle associazioni, delle realtà territoriali locali. In breve prendersi cura di tutte quelle espressioni aggregative di tipo economico, sociale, culturale, sportivo, ricreativo, professionale, politico, alle quali le persone danno spontaneamente vita e che rendono loro possibile una effettiva crescita sociale. È questo l'ambito della società civile, intesa come l'insieme dei rapporti tra individui e tra società intermedie, che si realizzano in forma originaria e grazie alla soggettività creativa del cittadino. La rete di questi rapporti innerva il tessuto sociale e costituisce la base di una vera comunità di persone, rendendo possibile il riconoscimento di forme più elevate di socialità. In base a tale principio tutte le società di ordine superiore devono porsi in atteggiamento di aiuto rispetto alle minori. I corpi intermedi possono adeguatamente svolgere le funzioni che loro competono, senza doverle cedere ingiustamente ad altre aggregazioni sociali di livello superiore. Il principio di sussidiarietà protegge le persone dagli abusi delle istanze sociali superiori e sollecita queste ultime ad aiutare i singoli individui e i corpi intermedi a sviluppare i loro compiti. Questo principio si impone perché ogni persona, famiglia e corpo intermedio ha qualcosa di originale da offrire alla comunità. Questo principio contrasta con forme di accentramento, burocratizzazione, assistenzialismo e di presenza ingiustificata ed eccessiva dello Stato.

– La partecipazione è la conseguenza della sussidiarietà. Questo principio si esprime in una serie di attività mediante le quali il cittadino, come singolo o in associazione con altri, contribuisce alla vita culturale, economica, sociale e politica della comunità civile a cui appartiene. La partecipazione è un dovere da esercitare in modo responsabile e in vista del bene comune.

– Il principio di solidarietà che conferisce particolare risalto all'intrinseca socialità della persona umana, all'uguaglianza di tutti in dignità e diritti, al comune cammino degli uomini e dei popoli verso una sempre più convinta unità. Le forme di solidarietà riducono le distanze di sfruttamento e oppressione e creano rapporti di giustizia e moralità.

Gli insegnamenti di Giovanni XXIII (*Pacem in terris* 1963), del Concilio Vaticano II (*Gaudium et spes* 1966), di Paolo VI (Il discorso all'Assemblea Generale delle Nazioni Unite 4 ottobre 1965) hanno offerto ampie indicazioni della concezione dei diritti umani delineata dal Magistero. Giovanni Paolo II ne ha tracciato un elenco nell'enciclica *Centesimus Annus*. Egli parla del diritto alla vita, di cui è parte integrante il diritto a crescere "sotto il cuore della madre" dopo essere stati generati; il diritto a vivere in una famiglia unita e in un ambiente morale, favorevole allo sviluppo della propria personalità; il diritto a maturare la propria intelligenza e la propria libertà nella ricerca e nella conoscenza della verità; il diritto allo studio; il diritto al lavoro e alla valorizzazione dei beni della terra, ricavando da essa il sostentamento proprio e dei propri cari; il diritto a fondare liberamente una famiglia e ad accogliere ed educare i figli. Infine il diritto alla libertà religiosa.

Questo è in sintesi il pensiero e il magistero della Chiesa. E come analizzato nel capitolo precedente, molti di questi diritti mancano proprio nel mio quartiere: il diritto allo studio, ad una formazione umana, il diritto alla vita, il diritto al lavoro e ad una casa.

La fontana del villaggio: la parrocchia

Di fronte a una situazione a tratti senza speranza, causata da una forte esclusione sociale, la mia comunità cristiana a Forcella si è attivata creando rete. Sì, perché la parrocchia ha in sé la forza di contrastare i mali occulti dell'egoismo e della prevaricazione. Come? Formando i bambini, i giovani del domani. Questa è la via che la Chiesa è chiamata a percorrere con costante impegno pastorale. E la vita della Chiesa trova nella parrocchia una sua articolazione fondamentale.

La parrocchia è e deve rimanere il polmone della Chiesa, ha detto tante volte il grande Giovanni Paolo II quando andava a visitare le parrocchie romane. Essa è il luogo dove la gente comune, respirando la fede, diviene comunità cristiana, ma anche comunità civile. Il più grande educatore di tutti i tempi, San Giovanni Bosco, era solito ripetere: *Faccio oratorio perché da lì escono onesti cittadini e buoni cristiani.*

La sua – dice la lettera dei Vescovi Campani del 15 maggio del 2005 – *è una presenza di una comunità che accoglie e accompagna, ristabilendo la sua funzione materna nell'educare alla vita di fede il popolo di Dio.* E ancora, essa è la *Chiesa che vive tra le case degli uomini.* Questa frase fu coniata dalla Conferenza episcopale italiana, riunitasi ad Assisi nel mese di novembre del 2003. Un tempo era definita *la fontana del villaggio,* luogo comune dove tutti venivano ad attingere acqua. Ancora oggi essa è vista come quella madre che accoglie e aiuta i suoi figli a superare le difficoltà della vita attraverso un cammino spirituale. La si ritrova nella persona del parroco, come colui che sta lì, pronto a mettere la sua mano sicura sulla spalla della «pecorella» ed accompagnarla nella crescita della fede. Nelle giornate mondiali della gioventù, come l'ultima a Colonia nel 2005, è stata vista ancora come quella *sentinella* che aiuta e accompagna quei tanti giovani, uomini del domani, imprigionati in un presente senza speranza, diseducati ai progetti, sempre alla ricerca di nuove emozioni, fragili e insicuri nel travaglio interiore. La parrocchia diventa luogo di aggregazione e di promozione umana specie in quartieri dove lo Stato ha fatto un passo indietro. In questo modo, come è successo nel mio quartiere, e come emerge dalle interviste, la parrocchia è vista ancora da tutti come l'unica istituzione credibile, che sulle orme del Maestro, forma all'amore e alla giustizia. Dal giubileo del 2000 la Chiesa di Napoli ha vissuto un momento chiamato, dall'allora arcivescovo Michele Giordano, *conversione pastorale.* Nelle sue ultime lettere pastorali, il vescovo esortava a passare da una *pastorale tradizionale ad una pastorale missionaria ed evangelizzante.* Basta con le *comunità autoreferenziali*, nelle quali ci si accontenta di trovarsi bene insieme, chiuse agli altri, oppure quella di una comunità come *stazione di servizio* per l'amministrazione dei sacramenti, che continua a dare per scontata, in coloro che li richiedono, una fede non di rado assente.

La Chiesa, in molti quartieri poveri non solo di Napoli, deve ritornare alle sue origini, ad essere, come diceva il teologo napoletano Monsignore Pignatiello, *piccolo gregge e chiesa dei poveri.* Anzi provocatoriamente egli diceva nel suo libro «*Comunicare la fede*»: *Occorre iniziare da capo, c'è troppo in giro un cristianesimo di vernice, bisogna rinunciare alla presunzione di attuare una pastorale di massa, partendo dagli esclusi della società.*

Questa evangelizzazione passa attraverso il contatto personale e la visita porta a porta alle famiglie, specialmente ai lontani, ai poveri ed agli emarginati, di cui Gesù ha tanto parlato nel santo vangelo.

Il nuovo vescovo, il cardinale Crescenzio Sepe, accolto da una folta comunità religiosa e civile il 1 luglio 2006, ha davvero dato un vento nuovo di speranza per la nostra diocesi e per tutta la città. È ancora vivo nel nostro cuore e nella nostra mente il suo bacio alla terra martoriata di Scampia, appena arrivato e poi tanti suoi gesti significativi, dalla visita ai carcerati alla veglia di preghiera durante la guerra di camorra. Segni di una Chiesa che sia compagna di viaggio di tutti gli uomini, soprattutto degli ultimi. Una Chiesa che serve, con un Vescovo, che non ha paura di mettersi il grembiule e servire a tavola, come ha fatto il 27 dicembre 2006, i poveri della città.

Ci sono sacerdoti, religiose e religiosi, laici impegnati che, come ha scritto nel suo messaggio "Il sangue e la speranza", datato 19 settembre 2006, proprio nella solennità del Santo patrono San Gennaro, *hanno saputo trasformare le loro parrocchie in oasi di accoglienza e di solidarietà nel deserto della povertà, della violenza, dell'abbandono.*

Perciò la mia comunità si è trovata ad essere punto di riferimento e ha guidato la rinascita di questo quartiere.

Abbiamo iniziato fondando un grande oratorio, dandogli il nome di *Giovanni Bosco* che oggi accoglie più di 120 bambini tra i 6 e i 13 anni.

L'oratorio della mia comunità, dove mancano le strutture più elementari, è un punto di riferimento per aggregare i tanti ragazzi e giovani e in particolare quelli disagiati che vivono in strada.

Insieme con me tre suore salesiane, Suor Maria, Suor Flora e Suor Valentina e più di 20 educatori. A Napoli come in tutto il territorio campano abbiamo bisogno non di un esercito di soldati o di poliziotti ma di maestri ed educatori. Il metodo usato nei nostri quotidiani incontri è quello preventivo. Affiancare questi bambini, farli prima giocare e poi entrare nel loro cuore; capire i loro problemi e i loro drammi. Quasi sempre ci imbattiamo in bambini che hanno il padre o la madre in carcere o agli arresti domiciliari o peggio ancora tutti e due reclusi. Ci prendiamo cura di loro.

I care, una frase scritta da don Milani nella scuola di Barbiana, tradotta con *mi sta a cuore, mi interessa, mi appartiene, me ne prendo cura* è il motto del nostro oratorio.

L'esatto contrario, spesso, della nostra mentalità del *fatti i fatti tuoi*, o peggio ancora *vai fuori perché disturbi*.

Mi ha impressionato la vicenda di «Pippotto», un minorenne che il 4 settembre 2006, al Vomero, quartiere residenziale di Napoli, uccise a coltellate Salvatore Buglione, durante una rapina. Pippotto ha raccontato ai giudici che quando andava a scuola e dava fastidio, la sua insegnante lo invitava ad uscire dall'aula per poter continuare a far lezione. Proprio per combattere la mentalità «del buttar fuori», mettiamo a disposizione del quartiere non solo il nostro tempo, ma anche le nostre attività e i nostri laboratori. Tra le tante cose quelle più significative sono:

– doposcuola: la mancanza di cultura è l'ambiente più idoneo per far crescere la violenza, la criminalità, i soprusi. La sua mancanza rende più poveri una città e un quartiere. Lo sviluppo passa attraverso non solo gli investimenti, ma anche attraverso una formazione culturale che si apprende a scuola. Spesso i bambini, dopo le ore scolastiche, non sanno dove andare. L'unica meta diventa la strada e qui imparano ad entrare in contatto col male. Diceva bene il comandante generale dell'Arma dei Carabinieri Gianfrancesco Siazzu, il 23 ottobre 2006, giorno in cui davanti al Ministro dell'Istruzione Giuseppe Fioroni, si insediava la commissione «Scuola e legalità»: *Investire nel sapere e saper investire, specie in quei territori dove la criminalità organizzata è forte.* Grazie alla lungimiranza del Ministro oggi a Napoli è nato il progetto di lotta alla dispersione scolastica che punta a tener aperte le scuole anche al pomeriggio in sinergia con la Curia di Napoli e le parti sociali.

– Attività di musica, di teatro e di ballo. Abbiamo ragazzi che attraverso la musica, il teatro e il ballo riescono a recepire diversi messaggi. La musica ha in sé un potenziale enorme per incidere attraverso i suoi messaggi di pace e amore nei cuori dei fanciulli. In questo modo li abbiamo preparati a socializzare insieme e nei tempi più forti, Natale, Pasqua e fine anno pastorale (giugno) a realizzare delle rappresentazioni, dove i genitori, almeno in queste occasioni, si sentono coinvolti e vicini ai loro figli. Indimenticabile è stata la realizzazione della nuova struttura teatrale, inaugurata dal cardinale Sepe il 18 febbraio 2007. Un altro fiore nel deserto del nostro rione.

– A fine ottobre 2005 abbiamo realizzato una sala computer mettendone 10 in rete. I ragazzi, al pomeriggio, aiutati dagli educatori, imparano il linguaggio informatico, potremmo dire la nuova lingua. Senza questa sala i nostri ragazzi sarebbero per sempre messi fuori dalla società, perché sprovvisti dei mezzi per acquistare un computer. È stato, poi, bello alla fine dell'anno pastorale vederli felici perché insieme con il loro maestro di corso avevano realizzato un dvd e inciso un cd.

Questi ragazzi devono essere guidati, tolti dalla strada, devono respirare aria buona. La parrocchia per loro è diventata una famiglia. Certo, bisogna ora fare di più con gli adulti, con i loro genitori, dediti tante volte ad attività illecite. Qui, non dimentichiamo, che la disoccupazione è oltre l'80%. Lo Stato, le associazioni, le scuole, i sindacati, gli industriali devono investire di più. Cambiare questo territorio, sottrarre manovalanza alla malavita dipende da tutti noi, dagli sforzi che dobbiamo fare ogni giorno.

La rete delle realtà sul territorio

La parrocchia certamente dipende, nella sua impostazione, dal carisma della sintesi che ha il parroco. E il carisma della sintesi è anche fare rete. Da soli non si costruisce e non si va avanti. Si è forti e vincenti solo insieme. Infatti, oltre alla parrocchia, sul territorio abbiamo la scuola «A. Ristori», in via D'Alagni, che oggi ha aggiunto anche un altro nome: *Annalisa Durante*. L'edificio, ristrutturato dal Comune di Napoli, si trova proprio a Forcella. Era abbandonato da 15 anni e dopo la morte della ragazzina sono stati trovati i fondi per la ristrutturazione. Oggi accoglie 50 bambini per asilo nido comunale e scuola materna. Mentre l'altro edificio «Ristori» accoglie 800 bambini di scuola elementare e quest'anno si sono aperte anche alcune classi di scuola media. Non è stato facile rendere la scuola «Ristori-Durante» istituto comprensivo. C'è stato un ricorso al Tar (Tribunale amministrativo regionale) perché l'altra scuola media «T. Confaloniere» più lontana geograficamente dal territorio, si è sentita defraudata e impoverita di alunni. Senza considerare che creare e aprire scuole sul territorio significa avere più servizi e più possibilità di formare ragazzi capaci di entrare nella società da adulti e da responsabili.

La scuola Ristori-Durante, unico avamposto dello Stato, è diventata in questi anni, grazie al lavoro di tanti insegnanti, un punto di riferimento. È aperta al quartiere, dalla mattina alla sera. Vengono impartiti anche corsi di educazione civica. Quest'anno il tema è stato sulla raccolta differenziata dei rifiuti urbani e sul rispetto dell'ambiente in cui i bambini vivono. E poi corsi di ceramica; una palestra aperta per corsi di Judo e Karatè. Ma anche una palestra aperta alla domenica per l'oratorio della mia parrocchia. Tutti i bambini possono partecipare senza pagare. E ancora, corsi di madre lingua per gli stranieri.

Trasmettere un bagaglio di valori è il compito di tutte le scuole, specie di quelle che in territori poveri sono un faro di speranza.

Abbiamo bisogno di una nuova stagione di speranza e di riscatto civile perché il nostro territorio, prima di essere liberato dalla camorra, deve essere liberato dalle nostre cattive abitudini e da quella rassegnazione, che fa dire spesso: «*Tanto non cambierà mai*», che è segno di atteggiamento vile e rinunciatario, il più indicato per non risolvere mai nulla, proprio di chi i problemi, nonché risolverli, non li vuole neanche affrontare.

La speranza deve guidare tutti noi. Guardiamo ai giovani: il loro sguardo è sempre carico di speranza nel futuro. Per loro la speranza è il motore della vita, è la voglia di rivoluzione e di cambiamento reale. Mi piace richiamare una riflessione dell'amatissimo don Tonino Bello. Egli diceva: *Si equivoca parecchio sulla parola speranza, si pensa che sia una specie di ripostiglio dei desideri mancati. Una forma di tiramisù psicologico utile per non lasciarsi travolgere dalle tristezze della vita. La speranza è parente stretto del realismo, è impegno robusto che non ha niente a che spartire con la fuga.* Aveva ragione il poeta turco Nazim Hikmet: «*Il più bello dei mari è quello che non abbiamo ancora navigato, i più belli dei giorni sono quelli che non abbiamo ancora vissuto*». E questa speranza ha bisogno di segni, di testimoni. Per me la preside Fernanda Tuccillo è un esempio di come si fa scuola in un ambiente difficile, dove la tentazione di fuggire è forte.

Ma una mano forte al ripristino e alla cultura della legalità è venuta anche dalle associazioni. In maniera particolare in questo ultimo tempo ci ha aiutato l'Associazione *Percorsi di Fraternità*. Questa associazione nasce come risposta del «Movimento Umanità Nuova» e del «Movimento Giovani per un Mondo Unito» (dei Focolarini), alla richiesta di aiuto nei quartieri disagiati per una costruzione di una cultura della legalità. Scopo principale dei promotori è di creare un tessuto di relazioni tra le scuole, le associazioni, le istituzioni sul territorio, un luogo dove la gente si possa incontrare, per promuovere e sostenere così le esperienze di socialità e di impegno presenti in città. Dallo statuto della associazione si legge: *"Percorsi di fraternità" intende collegare, aggregare, formare e sostenere quanti in tutto il mondo vivono l'impegno politico avendo come fine e come metodo la fraternità universale... Per realizzare i suoi scopi, l'Associazione si avvale di attività formative e di studio, di scuole, di convegni e di iniziative per il dialogo politico, aperti a tutti, custodendo, approfon-*

dendo e diffondendo le idee e le prassi che nascono dal paradigma dell'unità. Da gennaio 2005 ad oggi l'Associazione ha promosso un incontro mensile sul territorio. È diventato un corso di educazione civica, dal titolo: *Napoli, legalità e cittadinanza*. Tanti i temi affrontati fino ad oggi, protagonisti autorevoli testimoni della vita politica, sociale e culturale non solo di Napoli. Ha visto la partecipazione di tanti cittadini del luogo e non solo. Cambiare il quartiere significa far venire altra gente, che sappia apprezzare le bellezze del rione, ma anche saperlo aiutare affinché non ci siano più brutture. C'è stata comunque una buona presenza, una media di 250 persone tra sindaci, amministratori, professori universitari, scuole e studenti napoletani, rappresentanti delle forze dell'ordine, giornalisti, bambini e cittadini di Forcella. Ne è stato dato grande risalto dalla stampa e dalle televisioni locali, con servizi sui quotidiani e telegiornali regionali e nazionali. C'è stata anche la presenza della televisione inglese BBC. All'inizio la partecipazione non era scontata. Per fare solo un esempio, diversi alunni delle scuole di Forcella non hanno potuto partecipare perché i genitori, intimoriti, non gliel'hanno consentito. Ma, mentre il percorso procedeva, si diffondeva l'apprezzamento e lo slancio a proseguire con determinazione.

È necessaria una grande partecipazione dei cittadini, degli imprenditori, degli intellettuali. Napoli ha bisogno di riscoprire tanta passione civile.

Per governare sul serio questa città, che ha molteplici problematiche tra le quali v'è l'esclusione sociale, occorre contare su ingenti risorse e su un coinvolgimento globale: nessun sindaco è in condizione di fare miracoli.

Solo una grande mobilitazione democratica consentirà di far prevalere gli interessi dei napoletani, a cominciare dai ceti più deboli, sugli interessi dei poteri forti.

In sintesi lo scopo dell'Associazione è stato il mettere insieme idee ed energie positive, nell'intento di condividere un cammino di fraternità e contribuire, con varie iniziative, a migliorare le condizioni per un riscatto morale e materiale del nostro territorio.

«*Napoli, legalità e...*» è stata fino ad ora un'esperienza di fraternità che ha dato l'opportunità di estenderla a tutti coloro che la condividevano e che ci ha consentito di confrontarci con la società civile su varie tematiche della vita per la ricerca del bene comune. Un frutto positivo di tale iniziativa è stato la nascita del sito internet: "napolilegalita.it" che rappresenta solo uno degli strumenti con cui continuare a perseguire questi obiettivi. Attraverso di esso ci si sente più facilmente uniti, si stabiliscono contatti, si formulano proposte, si danno spazi a «testimonianze» e «riflessioni», promuovendo iniziative comuni, come l'ultima, il concerto dei *Gen Rosso*, tenuto davanti alla piazza della parrocchia e che ha incluso pure la canzone trovata nel diario personale di Annalisa Durante: *Conosco un'altra umanità, che lotta, che soffre, che spera, che non usa armi, ma sa usare il cuore; questa è l'umanità che crede nell'Amore*. Questo gruppo musicale è composto da giovani che hanno dedicato e dedicano la loro vita alla costruzione, attraverso la musica, di un mondo senza violenza, dove l'unità è pilastro e fondamento di ogni comunità.

Questa canzone testimonia il desiderio e la voglia di un cambiamento, che certamente Annalisa custodiva nel suo cuore. Segno che molti ragazzi di Forcella vogliono essere protagonisti di un futuro diverso, dove l'amore, la solidarietà, la fratellanza siano il motore della storia.

È da sradicare, infatti, il facile luogo comune secondo il quale nei quartieri degradati i giovani sono tutti persi, a causa di una cultura dell'illegalità, che crea modelli sbagliati. C'è anche chi forse ancora sogna di sposare un camorrista, ma tanta parte dei ragazzi e dei giovani vuole voltare pagina.

Conoscendo Annalisa e, rileggendo recentemente anche i suoi temi fatti a scuola, mi colpisce la profondità di questa ragazza, che, in un tempo così breve, ha saputo cogliere il senso vero della vita.

Un altro frutto positivo è stato che il sito ha coinvolto altri giovani, seppur lontani dal quartiere e di varie città, ma con la voglia di fare qualcosa. Così è nato il «*Decalogo su legalità e...*»; in questo modo si è proposto una elaborazione congiunta di una «carta dei valori» che ci accomuna.

Infine la collaborazione dell'Associazione «Percorsi di Fraternità» ha dato al territorio tante «*Testimonianze, denunce e riflessioni*» per raccogliere contributi di varia natura sul tema delle legalità e su temi complementari.

Questa esperienza ha fatto emergere tanta positività sul territorio di Forcella. In primo luogo ha permesso di conoscerci, di dialogare per lavorare insieme per la città, affinché tante famiglie escluse non si sentano più sole.

Inoltre ci siamo accorti di essere una forza trainante, dove ognuno ha dato coraggio all'altro. Abbiamo capito che organizzare la speranza è possibile anche in un territorio infestato dalla criminalità organizzata.

Infine altro risultato positivo è stato la nascita di un'associazione che ha preso il nome di Annalisa Durante.

Questa associazione ha visto la luce nel luglio 2005, per iniziativa di alcuni laici e operatori del volontariato, sia appartenenti alla comunità parrocchiale che a quella civile, perché niente doveva andar perduto di quello che si era fatto fino ad oggi, prima e dopo la sua morte. L'Associazione rappresenta un'occasione importante per tenere accesa la luce su questo martoriato quartiere e promuovere azioni concrete per uno sviluppo diverso affinché tutti gli esclusi di questo rione si sentano protagonisti del loro futuro.

L'Associazione è impegnata in azioni volte alla promozione della cultura della legalità e di prevenzione dei fenomeni di criminalità e di illegalità diffusa e in azioni di sostegno alle istituzioni e in iniziative che favoriscano la partecipazione alla vita democratica.

A tal fine promuove:

– attività a sostegno dei bambini nei quartieri più a rischio della città, a cominciare da Forcella;

– iniziative formative atte a favorire la creazione di nuove opportunità di inserimento lavorativo per i giovani;

– a sostegno della legge 109/96 per l'uso sociale dei beni confiscati alle mafie, un'agenzia che facilita l'accesso ai beni da parte delle associazioni e dei soggetti interessati ad azioni di promozione sociale.

Inoltre:

– persegue tale obiettivo mediante l'attivazione di attività permanenti che coinvolgono insegnanti e studenti in tutta Italia, attraverso corsi di aggiornamento, interventi con gli studenti, promozione di convegni, elaborazione, produzione e diffusione di materiale didattico, gemellaggi, attivazione di progetti dell'Unione Europea attinenti alle tematiche della cittadinanza e della democrazia, creazione di reti di scuole a livello nazionale ed internazionale, promozione di attività artistiche, come spettacoli teatrali e concerti, organizzazione di mostre, offerta di orientamento didattico ad insegnanti e a tutti gli educatori;

– favorisce l'obiettivo primario di integrazione nel territorio tra scuola ed enti pubblici e privati, nel quadro di un sistema formativo integrato Stato-Regione per una diffusione capillare della cultura della legalità;

– intende costruire, con la collaborazione delle istituzioni scolastiche, itinerari didattici su cinema, teatro, fumetto, creatività studentesca e sport per tutti e collaborare con le associazioni scolastiche per favorire la costruzione della scuola come il principale spazio di crescita umana, civile e professionale dello studente;

– si propone di favorire la partecipazione dei cittadini e degli alunni e delle famiglie in particolare, a tutte le fasi di definizione dei bisogni e attivazione e gestione dei progetti. In un anno ha già organizzato tante cose; ad esempio, il 19 novembre 2005, presso lo Stadio Collana, un triangolare di calcio tra le nazionali degli attori, nazionale dei parlamentari e nazionale della confindustria. Lo scopo è stato quello di raccogliere fondi finalizzati al restauro del teatro della parrocchia di S. Giorgio ai Mannesi e della realizzazione di un dvd di educazione alla legalità.

Nel dicembre 2005 ha ottenuto l'alto patrocinio della commissione parlamentare antimafia per la produzione di un cd-rom di educazione alla legalità. Il cd-rom, presentato il 7 febbraio 2007, vuole essere un supporto alla educazione al vivere civile e un aiuto a ritrovare argomenti validi per sentirsi liberi di scegliere con forza un modo di vivere e comportarsi, ovvero proporre materiali e spunti di riflessione per promuovere tra studenti e insegnanti un dibattito responsabile e permanente sulle condizioni più favorevoli al benessere sociale.

Questa iniziativa, come altre, vuole inoltre permettere a quanti ne fruiscono, di non sentirsi isolati, ma parte di una comunità che condivide una visione di mondi possibili senza violenza, prevaricazione, sottosviluppo, attraverso la partecipazione alla vita democratica, la elaborazione e la pratica di atteggiamenti di difesa dal conflitto, nello sviluppo di una cultura di *responsabilità sociale.*

D'intesa e in collaborazione con la «Fondazione Cannavaro Ferrara» ha raccolto fondi per l'apertura di una ludoteca dentro il territorio di Forcella.

La ludoteca è stata inaugurata il 23 dicembre 2006 alla presenza dei giocatori Ferrara e Cannavaro, in un clima di grande festa, nei locali messi a disposizione dal Comune, proprio nella scuola intitolata ad Annalisa Durante.

Ha promosso la produzione di un cd musicale «*Pensiero Unico*» cantato dagli alunni delle scuole del centro storico di Napoli, fortemente voluto dai sindacati dei giornalai di Napoli e provincia, i quali, rinunciando a guadagni e provvigioni sulle vendite, intendono sostenere la stessa Associazione Annalisa Durante per consentire di diffondere il messaggio di speranza fondato sul rispetto delle norme e del principio di legalità.

I testi sono un inno alla città di Napoli e un invito a non abbandonare l'idea di lottare per amarla. Questo cd è stato presentato e cantato dagli stessi ragazzi per la prima volta nello Stadio San Paolo di Napoli il 30 aprile del 2006.

In sintesi per arginare il fenomeno dell'esclusione sociale sono necessarie politiche sociali mirate, purtroppo sempre meno attente, «distratte» da altri argomenti. Il fondo economico, stanziato dal Governo e dagli enti locali, è sempre meno generoso, se non insufficiente. La riforma della legge 328 del 2000 sui servizi sociali prevedeva *il piano di zona* come strumento per leggere le politiche cittadine di sviluppo dal punto di vista del bisogno e della domanda sociale. Ciò per evitare che gli interventi sociali restino confinati nella sfera assistenziale oppure giungano troppo tardi, nella fase ormai dell'emergenza. Perciò è necessario che gli interventi sociali siano innestati nell'ambito di iniziative di prevenzione dal rischio di esclusione e di percorsi di inclusione integrati. La riforma della legge 328/00 chiede agli enti locali che le famiglie povere svolgano *una soddisfacente vita di relazione e che siano membri attivi della società; affrontino positivamente le responsabilità quotidiane; infine prevengano e superino le diverse forme di disagio, povertà e marginalità.*

Per ora, quasi sempre, la pubblica amministrazione si sottrae, affidando alla Chiesa un peso oneroso. È vero che l'articolo 1, al comma 5, stabilisce che non soltanto i soggetti pubblici debbano partecipare alla programmazione e alla concertazione degli interventi, ma anche gli *organismi non lucrativi di utilità sociale, quali organizzazione di volontariato, associazioni, fondazioni, enti religiosi.* Partecipare in tanti, mettendosi insieme, sarebbe il grande sogno di una società adulta e sana. Scaricare sugli altri le proprie responsabilità è da mascalzoni, da inetti e incapaci. Comunque la Chiesa non si tirerà mai indietro, non dirà mai no ai bisogni dei poveri e alle necessità degli ultimi. La Chiesa sa che sarà giudicata da Dio sull'Amore.

Il punto di vista dei testimoni privilegiati

A conclusione di questo capitolo, abbiamo voluto ascoltare altri protagonisti del riscatto di Forcella: la responsabile dei Servizi sociali sul territorio e la preside della Scuola «Ristori-Durante».

Le interviste sono state svolte seguendo la tecnica dell'intervista in profondità e tramite domande aperte sono stati investigati due aspetti in particolare: il quartiere con il suo contesto sociale e la parrocchia con i suoi punti di forza e i suoi punti di debolezza.

Riguardo al primo *focus* dell'indagine, è interessante quello che ha detto la responsabile dei Servizi sociali parlando del quartiere Forcella:

«Io non mi occupo solo di Forcella, o meglio della zona di Forcella, ma di Mercato-Pendino, una zona abbastanza estesa. Nella città questa zona non è tra i quartieri più affollati o più grandi. Ora si allarga in estensione perché da poco sono nate le municipalità. E Forcella fa parte della 2 Municipalità, non più 25.000 abitanti, ma si occuperà di una popolazione di 100mila abitanti».

La zona di competenza dei Servizi sociali di Forcella è molto estesa: vi rientra una popolazione che è passata da 25.000 a circa 100mila abitanti. Questo fa cogliere la difficoltà di operare in un territorio già difficile, oggi ancora più esteso.

In relazione all'emergenza relativa a questo quartiere, è inoltre da segnalare il numero esiguo di operatori sociali che vi lavorano, pari ad appena 5 unità. Infatti la responsabile dice:

Prima stavo in due piccole stanzette, senza privacy e senza tutela per gli assistenti. Tutti raccontavano davanti a tutti. Me ne sono andata e oggi ho ottenuto queste stanze. Ma questo non è il quartiere Mercato-Pendino. Questo è

San Lorenzo. Il servizio sociale o meglio l'ufficio di cittadinanza non sta nel quartiere.

L'ufficio non si trova sul territorio. E questo è grave se consideriamo l'esiguità delle strutture presenti su un territorio ad alto rischio.

Nonostante il ruolo dei Servizi sociali di sostegno per tutte le problematiche di marginalità, non sempre l'assistente sociale viene cercato, come ci ha detto la responsabile:

[…] Noi siamo visti come coloro che tolgono i figli, siamo le cattive, quelle che lavorano con il tribunale. I conflitti familiari o scolastici da noi non devono arrivare, siamo le cattive. Poi se acquistano fiducia si instaura con noi un ottimo rapporto. Le scuole non aiutano quando dicono: Io chiamo gli assistenti sociali, e poi vi faccio «a vedè». Spesso litighiamo con loro.

Quel «siamo visti come coloro che tolgono i figli» è un marchio indelebile che la responsabile dei servizi sociali sottolinea come elemento di criticità. Ed effettivamente tale stigma spesso si trasforma in un ostacolo all'aiuto concreto sul territorio, che viene impedito proprio da quella cultura negativa che vede nei servizi sociali, non lo Stato che si fa vicino e si prende cura dei propri cittadini, ma il giudice che è pronto a condannare e a «togliere» i figli ai genitori.

Un'altra criticità emersa dall'intervista riguarda la situazione di esclusione degli anziani.

Gli anziani sul quartiere abitano all'ultimo piano, si sentono esclusi, non hanno il basso o una piazza, il cortile per parlare, interagire. Hanno tante barriere architettoniche. Sono isolati. Manca un luogo di aggregazione. Non c'è una villa per cantare, ballare.

Non solo per gli anziani, ma in tutto il territorio di Forcella mancano luoghi di aggregazione. Al punto che la responsabile parla di un sogno che vorrebbe che si realizzasse: trasformare l'ex cinema «Italia» in un centro sociale.

Il mio sogno sarebbe stato avere l'ex-cinema Italia. Sono sei locali, spazio grandissimo, dove in questo spazio grosso fare un centro di aggregazione anziani aperto ai giovani. Noi abbiamo anziani che hanno lavorato il legno, il metallo, hanno fatto i pescatori, gli idraulici. Queste cose trasmetterle ai ragazzi, trasmettere come si viveva nel quartiere. Questo è un sogno che desideravo che qualcuno se lo prendesse per fare ciò che ho detto. Ma è un sogno che è ancora fermo. Un centro di aggregazione per tutto il quartiere dove non c'è piazza, non c'è verde, un campo giochi. Averlo questo spazio significa uscire da questa esclusione sociale.

Un progetto simile è invece stato realizzato dall'istituto scolastico presente sul territorio che da anni si impegna per combattere la dispersione scolastica e sostenere i bambini che vanno a scuola. Dice a tale proposito la seconda testimone privilegiata, preside dell'Istituto «Ristori-Durante», che effettivamente ha lavorato per trasformare in realtà il suo chiodo fisso: portare tutti a scuola.

Lavorare per il disperso ma anche lavorare per il migliore, curare cioè l'eccellenza. Il bambino che va a scuola deve essere gratificato. Deve andare avanti. Portare tutti ad una scuola di qualità.

La forza di questo progetto deve essere però rintracciata nella collaborazione attiva con altre istituzioni e in particolare con l'oratorio della parrocchia. Il presupposto dell'azione comune è molto semplice: i bambini sono gli stessi e per questo è bene lavorare insieme.

Un altro elemento di forza che è stato sottolineato dalla Preside è il riconoscimento di cui godono le agenzie di socializzazione primaria e secondaria (scuola e famiglia) sul territorio. Così si esprime la preside:

Qui i genitori vengono sempre, e posso dire che i genitori si aprono, hanno bisogno di indirizzi, di informazione, che debbo fare. Questo la dice lunga. Perché Forcella, a differenza di altri quartieri, ha due cose ancora: un rispetto per la scuola. Anche se meno importante di prima. La scuola rappresenta ancora un'autorità nel quartiere.

La seconda cosa è che loro hanno ancora un'organizzazione familiare che li salva. C'è la mamma, la zia, la nonna, famiglia allargata che interviene nell'educazione. Questo è da una parte positivo: se una mamma non sta bene c'è chi ti aiuta. Dall'altra negativa: i bambini hanno vari modelli e non sanno identificarli.

Certo, nel riscatto di Forcella ha avuto un grande ruolo la scuola e questo perché essa, nonostante tutto, è ancora vista come un'«autorità» ed è percepita come tale paradossalmente proprio lì dove nessuna autorità nel quartiere è riconosciuta. Basti pensare che non godono della stessa fiducia né le forze dell'ordine (è noto che spesso ai poliziotti viene impedito di operare liberamente), né gli addetti del Comune (gli ufficiali giudiziali, ad esempio vengono malmenati in quanto ormai visti solo come esecutori degli sfratti). I genitori, invece, trovano nella scuola una mano forte e autorevole che li aiuta nel loro cammino di inclusione sociale.

L'altro *focus* su cui si è soffermata l'intervista alle testimoni privilegiate è la parrocchia. In relazione a questo aspetto sono da evidenziarsi due diversi stati relazionali: uno di tipo negativo, l'altro di tipo positivo.

Nell'intervista alla Responsabile dei servizi sociali è, infatti, emersa una mancanza di progettazione comune tra le istituzioni presenti sul territorio e l'esigenza di un coinvolgimento maggiore dei servizi sociali nelle iniziative nel quartiere.

La mia è solo criticità. Io non ho nessun rapporto con la parrocchia di Forcella. [...] Vuoi per gli orari diversi. La parrocchia ha attività al pomeriggio, io assistente sto al mattino. Vuoi perché non c'è stato mai nessun rapporto solo dopo la morte di Annalisa [...]. Bisognava che qualcuno alzasse la voce. Quando tu ti sei incontrato col sindaco dopo la morte di Annalisa hai chiamato la scuola e non me. Vorrei oggi collaborare con te. Due volte al mese vorrei parlare con le mamme e fare attività di sportello di ascolto e far capire che gli assistenti sociali sono delle persone, delle professioniste che possono aiutare e sostenere le famiglie in determinate situazioni. La parrocchia e i servizi sociali, in questo modo possono essere un punto di forza, pensare e progettare insieme, confrontarsi con le amministrazioni che poi devono sostenerci.

Nell'intervista con la Preside dell'istituto scolastico è invece emersa una relazione più stretta, costruita negli anni:

La parrocchia svolge attività a favore dei bambini, che aumentano la loro intelligenza, il loro spirito di criticità. Questo ricade nella scuola. Il bambino è più attento, più svelto, più capace di porre problemi. E viceversa nella parrocchia. Questo aumenta l'offerta di cultura, formativa dei nostri bambini. In questo senso il lavoro della parrocchia ha un ricaduta sulla scuola.

Ma la Preside è cosciente che la parrocchia ha esaurito le sue energie e che vi è la necessità di passare ad una seconda fase: da quella della collaborazione a quella della programmazione comune.

La parrocchia deve superare l'emergenza, si deve sedere insieme ai servizi, alla scuola, alle suore, e programmare e progettare per il territorio. Il suo ruolo di emergenza è finito. Creare un sito e dirci le cose. Sulle istituzioni territoriali la parrocchia ha un buon rapporto, è autorevole, decisiva. È debole perché c'è solo lei. La parrocchia ha fatto tanto ma ora bisogna mirare più alto, ma insieme. Altrimenti non ce la si fa più.

In altre parole, si avverte la necessità di effettuare un passo decisivo: transitare dallo stato dell'emergenza, ossia dallo «stato nascente» alla fase più matura dell'istituzionalizzazione delle reti tra istituzioni.

Ritengo che questi spunti debbano indirizzare l'operato della parrocchia verso il raggiungimento di una nuova tappa: costituire una rete attiva sul territorio per pensare e progettare insieme.

Conclusioni

Prima di trarre riflessioni conclusive vorrei soffermarmi su alcune considerazioni metodologiche. Prima di tutto è bene sottolineare che la scelta di studiare parte della realtà in cui vivo ed opero costituisce una peculiarità di questo lavoro. L'osservazione di una realtà così direttamente implicata con il mio operato, se ha costituito da un lato una difficoltà di cui sono pienamente consapevole, in quanto soggetto portatore del duplice ruolo di ricercatore e attore sociale insieme, dall'altro ha permesso di sfruttare al meglio la ricchezza esperenziale che ho maturato in questi anni nel mio ruolo di parroco, offrendomi l'opportunità di approfondire il contesto in cui agisco. Inoltre l'analisi delle problematiche del quartiere effettuata tramite le interviste alle famiglie bisognose di aiuto e ai testimoni privilegiati mi ha aperto nuove prospettive per il futuro.

Una delle questioni controverse del trattamento dei dati biografici ha riguardato il passaggio da un testo raccolto oralmente ad un testo scritto, in quanto quest'ultimo è privo di tutta quella comunicazione di significati metaverbali quali sono il tono di voce, la gestualità, le espressioni del viso ecc. Questo aspetto è stato superato appuntando ogni elemento della conversazione e scrivendo in calce alle interviste una sorta di piccolo diario di bordo con le impressioni a caldo sull'andamento dell'intervista e le condizioni in cui essa era stata svolta. Un secondo ordine di problemi ha riguardato il rispetto del ricercatore nel riportare le affermazioni così come emerse senza correre i rischi di manipolazione e quindi di cambiamento di senso delle affermazioni riportate. Mi sembra di aver raggiunto questo obiettivo solo in parte, in quanto, vivendo nel quartiere e conoscendo direttamente i soggetti che ho scelto di intervistare, mi sono accorto che qualche volta le mie opinioni hanno influito sull'andamento delle interviste. Ho cercato di correggere questo aspetto e per questa ragione, ho trovato opportuno mettere a confronto il mio punto di vista di osservatore partecipante con quello di altri testimoni privilegiati che operano nel quartiere, in modo da ottenere un quadro più nitido delle realtà presenti sul territorio, nonché un esame più obiettivo dei punti di forza e di debolezza dell'operato della parrocchia stessa.

Le interviste sono state esaminate in relazione ai principali temi e l'analisi svolta è stata prevalentemente di tipo ermeneutica. Sono state riportate e commentate le affermazioni così come originariamente espresse dagli intervistati, con la finalità di integrare problematiche generali e specificità individuali.

Sono stati analizzati diversi nuclei tematici, il primo dei quali ha riguardato il contesto socio-economico del nucleo familiare di appartenenza, nonché la funzione della famiglia nel trasmettere la collocazione sociale; un secondo nucleo ha riguardato i percorsi formativi, sia scolastici che professionali e come essi incidono sulla condizione di esclusione sociale e sui suoi processi di uscita o di cristallizzazione; successivamente sono state indagate le modalità e la frequenza di azioni nella ricerca di lavoro, nonché il lavoro dei disoccupati; inoltre si è evidenziato il ruolo che le reti sociali hanno nel processo di collocazione professionale e come le relazioni di aiuto reciproco pesano nelle strategie di sopravvivenza; infine si è posta l'attenzione sul disagio e sul malessere che deriva da tale condizione di povertà.

Possiamo concludere che le persone intervistate usciranno dall'esclusione tramite un lungo percorso di socializzazione e di formazione.

Dalla ricerca è emerso che l'esclusione sociale viene trasmessa da famiglia a famiglia. Diversi fattori incidono: la mancanza di una casa dignitosa, la scarsa possibilità di un lavoro, specie in un quartiere dove la camorra ha dettato le sue leggi impoverendo il territorio e togliendo ogni capacità di sviluppo e di occupazione. E poi ancora, la mancanza di cultura e di scolarizzazione che indebolisce e rende schiavi di un sistema di sottosviluppo: è infatti alta la percentuale di persone che hanno, come titolo di studio, solo la 5ª elementare. E poi c'è la decisione di un matrimonio troppo precoce, spesso solo per tradizione, senza una scelta consapevole e matura, che frequentemente ha esiti negativi, portando a separazioni e a lacerazioni, che ancora più duramente incidono sull'esclusione sociale. Infine incide la condotta civica e lo stigma penale che spesso viene portato dietro a vita, aggravando l'esclusione dal mercato del lavoro, poiché nessun datore di lavoro è disponibile ad assumere ragazzi con precedenti penali. Un altro elemento significativo è il rischio di implicazione nel mercato della droga che attrae molti giovani e tante volte divide o distrugge intere famiglie, vittime e carnefici di questo mercato.

Ecco perché la risposta della Chiesa attraverso la parrocchia è veicolare messaggi di vita in un territorio dove la speranza è sinonimo di utopia. Tutte le attività svolte insieme agli altri attori presenti sul territorio sono il preludio ad una rinascita o meglio ad una «primavera» di Forcella.

Nei giorni del 2° anniversario della bambina Annalisa Durante, il 27 marzo 2006, ho osato dire: *Anche se tutti i fiori saranno strappati, mai nessuno potrà fermare la primavera di Forcella.* Ed effettivamente ritengo che i dati analizzati nella ricerca possano testimoniare che il cammino di riscatto o meglio ancora di inclusione sociale di questo quartiere è iniziato e mai nessuno potrà fermarlo.

Ritengo infine che il prossimo impegno debba essere focalizzato sulla costituzione di una rete stabile di relazione tra le istituzioni e le diverse forze presenti sul territorio per passare – come ha suggerito una testimone privilegiata – dalla fase dell'emergenza e dello stato nascente a quella della progettazione comune.

Bibliografia

AFFICHERD, J., DE FOUCAULD, J.-B.
1992, Justice sociale et inegalites, Editions Esprit, Paris

BELLO T.
1996, *Le mie notti insonni*, San Paolo, Milano

BENEDETTO XVI
2005, Lettera Enciclica *Deus Caritas est*, Editrice Vaticana, Città del Vaticano

BERGHMAN J.
1995, *Social Exclusion and Spatial Stress: the Connections*, in G. Room (a cura di), *Beyond thr Threshold. The Measurement and Analysis of social exclusion*, The Policy Press, Bristol

BREX G., FIORENTINO BUSNELLI E.
1994, *Adolescenti a rischio tra prevenzione e recupero: un impegno per tutti.* Franco Angeli, Milano

CANNAN J.
1997, *The struggle against social exclusion*, «IDS Bullettin», aprile

CARITAS - FONDAZIONE ZANCAN
1997, Rapporto 1996 su «*Emarginazione ed esclusione sociale*», Feltrinelli, Milano

CASTELS R.
1990, *Extreme Cases of marginalisatin: from vulnerability to deaffiliation*, presentato alla conferenza sulla Povertà ed Esclusione Sociale nel 1990, organizzato sotto gli auspici della Commissione Europea, Alghero

CESIS
1997, *Non monetary indicators of poverty and social exclusion,* Working paper presentato al Seminario di Lisbona, marzo

CONCILIO VATICANO II
1966, *Gaudium et Spes, Costituzione Pastorale sulla Chiesa nel mondo contemporaneo,* in Documenti del Concilio Vaticano II, Edizione Vaticana

DE LEO G.
1994, *Devianza minorile. Il dibattito teorico, le ricerche, I nuovi modelli di trattamento*, Carocci, Roma

DONATI P.
25 maggio 2005, «*Se si smonta la famiglia sono guai per tutti*», Avvenire

EUROPEAN COMMISSION
1981, *Final report from the commission to the council on the first program of pilot scheme and studies to the combat poverty*, Com (8) 769, Brussels

EUROPEAN FOUNDATION FOR THE IMPROVEMENT OF LIVING AND WORKING CONDITIONS
1995, *Plubic Welfare Services and Social Exclusion: The development of consumer oriented initiatives in the European Union*, The Foundation, Dublin

GENNARO G.
2002, *Manuale di sociologia della devianza*. Franco Angeli, Milano

IORIO G.
Luglio-Dicembre 1998, Teoria e ricerca sull'esclusione sociale, in Studi Perugini, Rassegna semestrale di Scienze Politiche e Sociali 6

IORIO G.
2001, «*La povertà*». Analisi storico-sociologica dei processi di deprivazione, Armando Editore, Roma

JENKS C., PETERSON P.E. (a cura di)
1991, The Urban underclass, Brooking, Washington D.C.

JORDAN B.
1996, *A Theory of social exclusion and poverty*, Polity Press, Cambridge

KAHN R.L., CANNELL C.F.
1957, *The Dynamics of Interviewing*, New York, Wiley; trad. it. *La dinamica dell'intervista*, Marsilio, Venezia, 1968.

KRISTENSEN H.
1995, *Social Exclusion and Spatial Stress: the Connections*, in G. Room (a cura di), *Beyond thr Threshold. The Measurement and Analysis of social exclusion*, The Policy Press, Bristol

LENOIR R.
1974, *Les exclus: un francais sur dix*, Seuil, Paris

MARTINO R.R.
2005, *Pace e Guerra*, Cantagalli, Siena

MORLICCHIO, E.
1996, *Povertà disoccupazione ed esclusione sociale*, Dante e Descartes, Napoli

MORLICCHIO, E.
1999, *«Aspetti sociali e culturali»*, in Enrico Pugliese, a cura di, *«Rapporto su Scampia»*, Fridericiana Editrice Universitaria

LAMBERTI A.
2006, *Lazzaroni, Napoli sono anche loro*, GrausEditore, Napoli

PALIOTTI V.
2005, *Forcella: La casbah di Napoli*, Tullio Pironti, Napoli

POLETTI F.
1998, *Le rappresentazioni sociali della delinquenza giovanile*, La Nuova Italia, Firenze

PONTIFICIO CONSIGLIO DELLA GIUSTIZIA E DELLA PACE
2004, *Compendio della Dottrina Sociale della Chiesa,* Libreria Editrice Vaticana, Città del Vaticano

PUGLIESE E.
1999, a cura di, *«Rapporto su Scampia»*, Fridericiana Editrice Universitaria

RAUTY, R.
1996, *Homeless. Povertà e solitudini contemporanee*. Costa e Nolan, Genova

ROOM G.
1995, *Povertà and Social Exclusion: the new European agenda for policy and research*, in G. Room (a cura di), *Beyond the Threshold. The Measurement and Analysis of social exclusion*, The Policy Press, Bristol

ROWENTREE P.
1901, *Poverty: A study of Town Life*, Seuil, Paris

SARACENO C.
1998, *Mutamenti della famiglia e politiche sociali in Italia*, Il Mulino

SALES I.
2006, *Le strade della violenza*, L'Ancora, Napoli.

SAVIANO R.
2006, *Gomorra*, Mondadori, Milano

SILVER H.
1994, *Social exclusion and social solidarity*: Three Paradigms, IILS, n. 69, Genova

TROTTA D.
2005, *Napoli, l'amore degli amori, fede, volontariato, impegno sociale.* Intra Moenia, Napoli

UNDP (United Nations Development Programme)
2003, a cura di, *Rapporto su Lo sviluppo Umano*, New York

UNDP
1995, *Human Development Report, Oxford University Press*, New York

WHELAN B.
1995, *In what sense is poverty multidimensional?*, in G. Room (a cura di), *Beyond the threshold. The measurement and analysis of social exclusion*, The Policy Press, Bristol

Appendice

Donna di 35 anni, convivente e madre di 4 figli

L'intervistata è una frequentatrice della parrocchia. È stata contattata personalmente e si è resa subito disponibile.

Il tono dell'intervista è stato cordiale, ma l'intervistata faceva fatica a parlare autonomamente per timidezza. Sono state necessarie perciò diverse domande di rinforzo.

Mi puoi raccontare qualcosa di te e della tua storia personale?

Sono nata nel 1971 a Forcella.

Sono sposata, ma ora convivo con un altro da 8 anni. Il primo marito è durato un anno. Ora faccio la casalinga e ho 4 figli.

La mia storia è travagliata: sempre sofferente, a volte vivo «con a' famme». «Sempre senza sold».

Con chi vivi?

Ora vivo con 4 figli e un secondo marito, che conviviamo. Un altro figlio vive con i nonni, e ha dei piccoli problemi nel parlare.

Quindi in totale quante persone siete a casa tua?

Il totale le persone che viviamo insieme è 6. Sì, ma la casa in cui si vive è in affitto, ma premetto che ho lo sfratto, una casa senza luce ed una sola stanza. Il proprietario non avendomi fatto un contratto mi minaccia in continuazione a lasciare la casa. Ed io «addo vac» (dove vado).

Mi puoi parlare del tuo attuale convivente?

Prima del mio marito di adesso, avevo il primo marito. Con lui solo un anno di matrimonio. Il mio convivente, con cui convivo da 8 anni, cerca lavoro, ha 34 anni, ha la quinta elementare. Sa fare il muratore, lavora saltuariamente ma a nero. La famiglia di mio marito non ha avuto gli stessi problemi, ci siamo conosciuti fuori territorio, a Marano. Ma devo dire la verità: «Mio marito è sfaticato». (Non vuole lavorare).

Mi puoi parlare della tua famiglia di origine, di tuo padre, tua madre e i tuoi fratelli?

I miei genitori sono anziani: papà con la quinta elementare, ha 60 anni, è disoccupato, abitante sempre a Forcella, solo al principio fuori Forcella. Ambulante, non ha mai tenuto un lavoro stabile con 5 figli, mai una casa decente.

Mamma ha 65 anni, la quinta elementare, casalinga, donna del quartiere, mi pare che mia mamma era la prima di 8 figli.

E poi quanti fratelli e sorelle hai?

Siamo 3 donne e 2 maschi. La prima sono io di età 35. Poi un'altra sorella di età 33. Poi un maschio di età 31, terza media. Poi M. di età 32. Un'altra F. di età 26. Abbiamo tutti la quinta elementare, tranne mio fratello, il terzo che ha la terza media.

Mi puoi raccontare il tuo percorso scolastico? Per esempio, quando sei andata a scuola la prima volta e quando hai finito il tuo percorso scolastico?

Sono andata a scuola a tre anni. Ho frequentato la scuola materna, no l'asilo. Il titolo di studio è la quinta elementare.

Perché hai lasciato la scuola dopo la quinta elementare?

Non sono andata più perché mi sfastiriavo, [mi annoiavo]. Perché gli insegnanti non mi hanno mai aiutato. Non mi capivano. Erano sempre «ingazzati» (Nervosi).

I tuoi genitori hanno influito sulla tua scelta di non andare più a scuola? Oppure c'è qualcun altro che ha influito su questa scelta?

No, i miei genitori non hanno influito nell'abbandono. Nessuno mi diceva quello che dovevo fare e non facevo nessun lavoro quando andavo a scuola.

Che cosa ti ha insegnato la scuola?

Niente. Non so né leggere né scrivere. Valuto l'esperienza a scuola negativamente. Non erano accoglienti, il professore era manesco. Dalla scuola non ho ricavato niente. Bocciata alla seconda per motivi non sapevo fare nulla. Ho abbandonato la scuola dopo la quinta elementare.

Hai mai fatto un corso di qualsiasi genere (ad esempio di recupero o di formazione professionale)?

Non ho mai fatto niente. Nessun corso di recupero e mai fatto un corso di formazione.

Quale lavoro fai attualmente?

Sono abile al lavoro, ma sono disoccupata.

Quale lavoro vorresti fare?

Il tipo di lavoro che faccio meglio è pulizia.

Come ti sei impegnata per cercare lavoro?

Ho chiesto aiuto ad amici e conoscenti. Il mio quartiere però non offre opportunità di lavoro. Nessun lavoro mi è stato mai offerto.

Che cosa saresti disposta a fare in cambio di un lavoro? Per esempio ti trasferiresti per un lavoro?

Sono disposta a cambiare regione pur di trovare un lavoro. Anche lontano. Con la certezza di un stipendio adeguato. Prenderei anche casa.

Percepisci qualche sussidio?

Nessun sussidio percepisco. Gli aiuti maggiori li ho ricevuti solo dalla Chiesa.

Ti sei mai rivolta agli assistenti sociali?
Mai rivolta agli assistenti sociali.

Perché no?
Perché ho paura che mi tolgono i figli.

Hai degli amici e chi frequenti nel quartiere?
Le persone che frequento? Nessuno. Non ho amici. Vedo solo mia sorella che mi è vicina. Conosco solo il sacerdote e a lui mi rivolgo anche nelle decisioni. Vedo i genitori ogni tanto. Abitano vicino.

Come passi il tuo tempo libero?
Il tempo libero non lo passo, faccio la mamma.

Se hai problemi a chi ti rivolgi?
Se ho problemi economici mi rivolgo ai genitori. Nelle decisioni al prete.

Come valuti il tuo quartiere?
Non offre nulla.

E come valuti i servizi presenti sul territorio (ad esempio scuola, sanità, trasporti pubblici e le nuove abitazioni che stanno costruendo)?
La scuola buona, gli ospedali scarsi. I trasporti pubblici buoni. Le case ne stanno costruendo poche.

Fai parte di qualche associazione?
No.

Ti è capitato di discutere di politica con gli amici o i parenti?
Non discuto di politica.

Hai mai avuto problemi con la droga?
Mai avuto problema con la droga.

E con la giustizia?
No, con la giustizia no.

Cosa pensi della religione? Ti reputi credente?
A proposito con la religione mi definisco credente convinta.

Quanto è importante per te la religione?
La religione è abbastanza importante.

Mi parli della casa dove vivi? Com'è?
L'abitazione è in affitto, ho lo sfratto. È un solo vano con un piccolo bagno. La casa è fatiscente, senza luce e pavimenti che si muovono.

Qual è la tua situazione economica?
Brutta. Non ho nessun reddito. Arrivo a fine mese con grande difficoltà, facendo debiti. Sento la mancanza del cibo e del mancato pagamento delle bollette. Non posso farmi un viaggio.

Ricevi aiuti da qualcuno o da qualche organizzazione?
Ricevo cibo, il pacco di alimenti sempre dalla Chiesa. Dallo Stato solo i libri ricevo. Altri sussidi no dallo Stato.

Hai mai chiesto prestiti a qualcuno? Se sì a chi?
Ho chiesto qualche volta prestiti ad amici. Ho dovuto dare poi gli interessi, ma mai usurai.

A cosa hai dovuto rinunciare per ristrettezza economica?
Ho rinunciato a visite mediche per mancanza di soldi o a comprare abiti.

Da cosa riconosci i poveri?
Ci sono tanti poveri nel mio quartiere. Riconosco i poveri dai vestimenti.

Come pensi si potrebbe risolvere il problema della povertà nel nostro quartiere?
Per risolvere il problema costruire case e dare lavoro.

Ti sei mai sentita povera?
Sì.

Abbiamo concluso. Grazie per la disponibilità.

Uomo di 31 anni, sposato e padre di 3 figli

L'intervistato è un frequentante della parrocchia. È stato contattato personalmente e si è reso subito disponibile.

Il tono dell'intervista è stato cordiale. Aveva paura del registratore.

Mi puoi raccontare qualcosa di te e della tua storia personale?

Sono nato nel 1975 e vivo a Forcella da sempre. Sono coniugato da 9 anni. Sono disoccupato.

Lavoro solo saltuariamente e illegalmente facendo il pacco ai turisti sul territorio.

La mia storia è vissuta in un quartiere rovinato perché manca il lavoro e la delinquenza aumenta.

E poi non deve giudicare chi sbaglia, perché «nessuno vo sbaglià» (nessuno vuole sbagliare).

Con chi vivi?

Vivo con 3 figli piccoli e la moglie di 28 anni, non ricordo la data di nascita di mia moglie. Il totale è di persone che vivono con me è 5.

Mi puoi parlare di tua moglie?

Mia moglie ha 28 anni: quinta elementare. Lavora saltuariamente, a nero nelle case, a stirare i panni. Così aiuta a «purtà a famiglia 'annanz» (aiuta a portare la famiglia avanti)

Mi puoi parlare della tua famiglia di origine, di tuo padre, tua madre e i tuoi fratelli?

I miei genitori: papà è morto all'età di 62 anni, aveva la quinta elementare, ha lavorato nel Comune di Napoli, come spazzino, abitante sempre a Forcella. La mia è una famiglia tranquilla con tanti figli.

Mamma ha 56 anni, quinta elementare. È casalinga, donna del quartiere. Le piace andare a giocare al bingo per passare il tempo perché è sola. Sempre a Forcella. Mai lavorato, sempre a casa con l'impegno di accudire 8 figli.

E poi quanti fratelli e sorelle hai?

Quattro donne e quattro maschi. Tutti la quinta elementare. Il primo di età 35, ha la quinta elementare. Disoccupato. Poi un altro maschio di età 34, con licenza elementare. Lavora a nero. [Qui annota l'intervistato: eravamo in tanti e bisognava andare a lavorare]. Poi un maschio di età 33, con la quinta elementare. Poi una femmina di età 31, con la licenza elementare. Un'altra femmina di età 25, con la quinta elementare. Infine una ragazza di 21 anni e un'altra di 20 anni. Abbiamo lasciato la scuola perché eravamo in tanti e bisognava andare a lavorare.

Mi puoi raccontare il tuo percorso scolastico? Per esempio, quando sei andato a scuola la prima volta e quando hai finito il tuo percorso scolastico?

Sono andato a scuola a tre anni. Ho frequentato la scuola materna, sì l'asilo. Il titolo di studio è la quinta elementare.

Ho dei ricordi bellissimi. Anche i rapporti con gli insegnanti sono stati bellissimi. Per la strada quando vedo gli insegnanti mi salutano e li saluto: «'a maestra» (la maestra).

Però ho abbandonato la scuola dopo la quinta elementare.

Perché hai lasciato la scuola dopo la quinta elementare?

Ho lasciato la scuola solo per motivi economici e familiari. Sono stato bocciato alla terza elementare perché andavo poco a scuola. Lavoravo in un bar della zona come garzone. Mi davano pochi soldi, questo lavoro ha influito sul rendimento scolastico.

I tuoi genitori hanno influito sulla tua scelta di non andare più a scuola? Oppure c'è qualcun altro che ha influito su questa scelta?

I miei genitori hanno influito nell'abbandono per motivi economici. Eravamo in tanti e bisognava lavorare. Poi però non ho più fatto niente, né un corso di recupero, né un corso di formazione, perché non ho tempo.

Che cosa ti ha insegnato la scuola?

Non saprei, tante cose ma non ricordo bene.

Hai mai fatto un corso di qualsiasi genere (ad esempio di recupero o di formazione professionale)?

No, mai.

Quale lavoro fai attualmente?

Disoccupato.

Quale lavoro vorresti fare?

Cerco qualsiasi lavoro pur di mantenere dignitosamente la mia famiglia.

Come ti sei impegnato per cercare lavoro?

Ho chiesto aiuto ai familiari, ad amici e conoscenti.

Che cosa saresti disposto a fare in cambio di un lavoro? Per esempio ti trasferiresti per un lavoro?

Sì, sono disposto fuori, ma a Napoli è meglio perché ho qui la mia famiglia.

Percepisci qualche sussidio?

No. Gli aiuti maggiori ricevuti solo dalla Chiesa attraverso la parrocchia di San Giorgio.

Ti sei mai rivolto agli assistenti sociali?

Mai rivolto agli assistenti sociali perché ho paura che mi tolgono i figli. Non ho mai avuto rapporti con gli operatori sociali, solo ora perché avendo rifiutato il servizio militare sono stato condannato a mettere la firma a sera.

Hai degli amici e chi frequenti nel quartiere?

Ho diversi amici. Poi incontro spesso i miei familiari. Viviamo vicini.

Come passi il tuo tempo libero?

Passeggio per il quartiere, lì mi fermo con gli amici.

Se hai problemi a chi ti rivolgi?

Per importanti decisioni mi rivolgo ai familiari. Per me la famiglia è importante.

Come valuti il tuo quartiere?

Non c'è niente, è un deserto.

E come valuti i servizi presenti sul territorio (ad esempio scuola, sanità, trasporti pubblici e nuove abitazioni che stanno costruendo)?

I servizi sul territorio? La scuola è buona. Mentre non ci sono luoghi di aggregazione, «non 'ce sta' nu cinema».

Fai parte di qualche associazione?

Non faccio parte di nessuna associazione.

Ti è capitato di discutere di politica con gli amici o i parenti?

Non discuto di politica.

Hai mai avuto problemi con la droga?

No, non la uso.

E con la giustizia?

Ho avuto problema con la giustizia per motivi di soldi, sempre per portare avanti la famiglia, ho fatto i pacchi agli stranieri.

Cosa pensi della religione? Ti reputi credente?

A proposito la religione per me è importante, ci è rimasto solo Lui, Dio.

Mi parli della casa dove vivi? Com'è?

L'abitazione è di proprietà di mia moglie. Piccolissima. È un solo vano, una cucina ed un piccolo bagno. La casa è piccola ma dignitosa.

Qual è la tua situazione economica?

Arrivo a fine mese con grande difficoltà, facendo debiti. Trovo difficoltà a pagare le bollette della luce e del gas.

Ricevi aiuti da qualcuno o da qualche organizzazione?

Ricevo aiuto solo dalla Chiesa. Dallo Stato nessun sussidio.

Hai mai chiesto prestiti a qualcuno? Se sì a chi?

Ho chiesto qualche volta prestiti ad amici. Ho fatto debiti nell'ultimo anno per lavori a casa. Ho dovuto dare poi gli interessi, ma mai usurai.

A cosa hai dovuto rinunciare per ristrettezza economica?

Al ristorante e ai divertimenti, ma non mi importa.

Da cosa riconosci i poveri?

Sono presenti nel mio quartiere e ci si conosce.

Come pensi si potrebbe risolvere il problema della povertà nel nostro quartiere?

Dare una casa e un lavoro.

Ti sei mai sentito povero?

Sì.

Abbiamo concluso. Grazie per la disponibilità.

Uomo di 30 anni, sposato e padre di 1 figlio

L'intervistato frequenta parrocchia. Ma non da molto. L'ha portato l'amico che lavora con lui nel fare «i pacchi». Si è reso subito disponibile.

Il tono dell'intervista è stato cordiale. Ma a differenza dell'amico di ieri è timido e un po' timoroso a parlare.

Mi puoi raccontare qualcosa di te e della tua storia personale?

Ho 30 anni e vivo da quando sono nato a Forcella. Sono sposato da 8 anni. Disoccupato: lavoro e mi arrangio facendo i pacchi alla Ferrovia.

Con chi vivi?

Vivo ancora con i miei genitori, anche se ho un figlio di 6 anni e sono sposato civilmente da 8 anni.

Per quale motivo?

Il motivo è che non possiamo permetterci di affittarci una casa per stare insieme. Di questo io soffro molto. Cosa dire? Il mio quartiere non offre niente. Ma farei qualsiasi lavoro per portare la famiglia a casa. «A fatica non l'ho mai schifat» (non ho mai rifiutato il lavoro).

Mi puoi parlare di tua moglie?

Mia moglie ha 24 anni. Ha la terza media. Non è del quartiere. È casalinga. Abbiamo un figlio di 6 anni.

Mi puoi parlare della tua famiglia di origine, di tuo padre, tua madre e i tuoi fratelli?

I miei genitori: papà ha di 56 anni, la quinta elementare. È pensionato con un ictus. Faceva il vigilante privato, messo in regola.

Mamma 57 anni, quinta elementare, è casalinga.

E poi quanti fratelli e sorelle hai?

Una donna e un maschio. La prima di età 31, quinta elementare. Sposata con un marito e 2 figli. Poi io maschio di età 30, con quinta elementare.

Mi puoi raccontare il tuo percorso scolastico? Per esempio, quando sei andato a scuola la prima volta e quando hai finito il tuo percorso scolastico?

Sono andato a scuola a tre, quattro anni. Ho frequentato la scuola materna. Poi alle elementari i rapporti con gli insegnanti sono stati buoni. Non ricordo i motivi di insoddisfazione della scuola...

Perché hai lasciato la scuola dopo la quinta elementare?

Ho lasciato la scuola solo per motivi economici e familiari. Non ricordo di essere stato bocciato. Ho lavorato e il lavoro ha influito sul rendimento scolastico. Lavoravo come barista al mattino dalle 6 di mattina fino 14. Poi dalle 14 fino a sera tardi guardavo le macchine. Sempre per necessità economica, per sostegno familiare.

I tuoi genitori hanno influito sulla tua scelta di non andare più a scuola? Oppure c'è qualcun altro che ha influito su questa scelta?

I miei genitori hanno influito nell'abbandono per motivi economici: eravamo in tanti e bisognava lavorare.

Che cosa ti ha insegnato la scuola?

Ho ricevuto dalla scuola tanti insegnamenti alla vita.

Hai mai fatto un corso di qualsiasi genere (ad esempio di recupero o di formazione professionale)?

No.

Quale lavoro fai attualmente?
Disoccupato.

Quale lavoro vorresti fare?
Qualsiasi per togliermi dalla strada.

Come ti sei impegnato per cercare lavoro?
Ho chiesto aiuto ai familiari, ad amici e conoscenti.

Che cosa saresti disposto a fare in cambio di un lavoro? Per esempio ti trasferiresti per un lavoro?
Sono disposto fuori città a lavorare, l'importante è un buon salario. Importante è un mensile fisso.

Percepisci qualche sussidio?
Nessun sussidio percepisco.

Ti sei mai rivolto agli assistenti sociali?
Mai rivolto agli assistenti sociali perché ho paura che mi tolgono il figlio.

Hai degli amici e chi frequenti nel quartiere?
Le persone che frequento, tanti. Ho amici. Vivo con i miei familiari. Tutti vicini.

Non conosco però nessuno sul territorio, solo un politico e il mio sacerdote.

Come passi il tuo tempo libero?
Con i parenti.

Se hai problemi a chi ti rivolgi?
Se ho problemi economici mi rivolgo a loro. Per importanti decisioni mi rivolgo ai familiari. Per me la famiglia è importante.

Come valuti il tuo quartiere?
La vita del quartiere è pessima. Tutti si arrangiano. Lavori a nero, illegali.

E come valuti i servizi presenti sul territorio (ad esempio scuola, sanità, trasporti pubblici e le nuove abitazioni che stanno costruendo)?
Scarsi.

Fai parte di qualche associazione?

No.

Ti è capitato di discutere di politica con gli amici o i parenti?

No.

Hai mai avuto problemi con la droga?

No. Non faccio uso di droga.

E con la giustizia?

Ho avuto problema con la giustizia in passato per motivi di trovare soldi, sempre per portare avanti la famiglia. Il problema è il lavoro.

Cosa pensi della religione? Ti reputi credente?

A proposito la religione per me è importante, ci è rimasto solo Gesù. Mi definisco credente convinto anche se non partecipo spesso.

Mi parli della casa dove vivi? Com'è?

L'abitazione è di proprietà di papà. Due vani, una cucina ed il bagno. La casa in cui vivo con mamma è di proprietà col mutuo.

La casa è dignitosa.

Qual è la tua situazione economica?

Non ho nessun reddito mensile. Arrivo a fine mese con grande difficoltà, facendo debiti. Trovo difficoltà a pagare le bollette della luce e del gas.

Ricevi aiuti da qualcuno o da qualche organizzazione?

Ricevo aiuto solo dalla Chiesa. Dallo Stato nessun sussidio.

Hai mai chiesto prestiti a qualcuno? Se sì a chi?

Non ho chiesto prestiti ad amici.

Ho fatto debiti nell'ultimo anno per pagare le bollette. Ho dovuto dare poi gli interessi, ma mai usurai.

A cosa hai dovuto rinunciare per ristrettezza economica?
Non saprei dirlo.

Da cosa riconosci i poveri?
I poveri li conosciamo. Però pure da come si vestono.

Come pensi si potrebbe risolvere il problema della povertà nel nostro quartiere?
Ci sarebbero tanti modi. Il lavoro, per esempio.

Ti sei mai sentito povero?
Sì.

Abbiamo concluso. Grazie per la disponibilità.

Donna di 33 anni, divorziata e madre di 3 figli

L'intervistata è una frequentatrice della parrocchia. È stata contattata personalmente e si è resa subito disponibile.

L'intervista è avvenuta presso la casa della donna.

Il tono dell'intervista è stato cordiale, lei a tratti è emozionata perché finalmente qualcuno entra nella sua casa per rendersi conto della gravità della sua situazione familiare.

Mi puoi raccontare qualcosa te e della tua storia personale?

Vivo a Forcella da sempre. Sono nata nel 1973. Sono divorziata da 5 anni. Però non voglio mettere i dati di quest'uomo che mi ha abbandonata quando ero incinta di mio figlio F.

Ora convivo con un'altra persona da pochi anni. Anche se ultimamente l'ho cacciato perché non lavora e non porta i soldi. Sono casalinga.

La mia storia è travagliata: sempre sofferente, se non fosse per mamma e per la chiesa morirei di fame. Ho paura per i miei bambini perché seppur ignorante desidero per loro un futuro diverso dal territorio. Poi dove abito io si spaccia droga in continuazione. Fa paura.

F. la prima bambina sta diventando ribelle perché sta sempre per la strada e impara cose che non le fanno bene.

Con chi vivi?

Vivo con 3 figli e mia madre pensionata, che viene spesso a trovarmi. La casa in cui viviamo è in affitto, ma premetto che ho lo sfratto da tanto tempo, ma non riesco a trovare casa perché essendo senza reddito nessuno mi dà la casa. Questa attuale più che casa è una stalla. Senza luce, in un vicolo maleodorante.

Quindi in totale quante persone siete a casa tua?

Il totale di persone che vivono sotto lo stesso tetto: 4

Mi puoi parlare di tuo marito e del tuo attuale convivente?

Il primo matrimonio dura poco tempo, nasce F. che ora ha 12 anni. Non ha dato mai il mantenimento.

Ora convivo con uomo che ho fatto storie perché non porta i soldi. Con quest'ultimo uomo ho avuto due figli, uno di 5 anni, l'altra di 2. Fa il guardamacchine. Oggi lavora a nero guardando le macchine, lo fa due volte alla settimana. Non sta nello stato di famiglia.

Mi puoi parlare della tua famiglia di origine, in particolare di tuo padre e tua madre?

I miei genitori sono: papà è morto a 54 anni. Alla domanda: La quinta elementare. Non è andato mai a scuola. Lavorava dentro al Comune di Napoli come spazzino, abitante sempre a Forcella.

Mamma 72 anni, niente scuola, casalinga, ora vive con la pensione di papà. Mia madre ha partorito 7 figli, io sono stato l'ultima, mi ha partorito quando aveva 39 anni.

Quindi quanti fratelli e sorelle hai?

Sette in tutto, due morti a causa di malattie. Primo M: 51 anni, terza media, lavora in cooperativa, ha preso sempre tutti i problemi, sa parlare e presentarsi. F: 49 anni, 5ª elementare. M: 44 anni, 3ª media, pure lui lavora in cooperativa. M: 42 anni, 5ª elementare, disoccupato. Poi un'altra sorella di età 38, con 5ª elementare. I due morti maschi e poi io l'ultima.

Mi puoi raccontare il tuo percorso scolastico? Per esempio, quando sei andata a scuola la prima volta e quando hai finito il tuo percorso scolastico?

Sono andata a scuola a sei anni, alle elementari. Il titolo di studio è la 5ª elementare. Ma ho preso la terza media pochi anni fa al serale, partecipando ad un corso della Regione Campania. I rapporti con gli insegnanti sono stati normali. Andavo a scuola così e così.

Sono pure stata bocciata ma non ricordo in quale classe.

Oggi sto facendo un corso di formazione alla «regione». Mi auguro che alla fine mi diano una occupazione. Ho un problema che mi devo portare la bambina di due anni con me perché all'asilo non l'hanno voluta perché bisognava dimostrare di aver un lavoro, perché questa è la legge.

Perché hai lasciato la scuola dopo la quinta elementare?

Ho abbandonato la scuola dopo la quinta elementare così, perché non volevo più andare.

I tuoi genitori hanno influito sulla tua scelta di non andare più a scuola? Oppure c'è qualcun altro che ha influito su questa scelta?

I miei genitori non hanno influito nell'abbandono. Non volevo più andare. Non facevo neppure nessun lavoro quando andavo a scuola.

Che cosa ti ha insegnato la scuola?

Dalla scuola non ho ricavato niente. «Nient'e buono»

Hai mai fatto un corso di qualsiasi genere (ad esempio di recupero o di formazione professionale)?

No, mai.

Quale lavoro fai attualmente?

Sono disoccupata.

Quale lavoro vorresti fare?

Avrei desiderato aprirmi un'attività in proprio: i capelli. Mi piacciono tanto, da piccola ho sempre desiderato fare questo.

Come ti sei impegnata per cercare lavoro?

Non ho chiesto aiuto a parenti ma ad amici e conoscenti, ma sempre con risposte negative. A rispondere ai giornali non ho mai provato perché ho paura.

Che cosa saresti disposta a fare in cambio di un lavoro? Per esempio ti trasferiresti per un lavoro?

Non sono disposta ad andare in nessuna altra città, voglio lavorare dove Dio mi ha creata. «Me piace Napule»

Percepisci qualche sussidio?

Dalla Chiesa e da mamma ricevo aiuti. Il sussidio lo percepisco da marzo di quest'anno grazie ad una domanda che don Luigi mi ha fatto fare al Comune per le famiglie multiproblematiche.

Ti sei mai rivolta agli assistenti sociali?

Qualche volta mi sono rivolta agli assistenti sociali, ma poco perché ho paura che mi tolgono i figli.

Hai degli amici e chi frequenti nel quartiere?

Le persone che frequento: nessuno. Non ho amici. Vedo solo mia mamma che mi è vicina.

Come passi il tuo tempo libero?
Se hai problemi a chi ti rivolgi?

Conosco solo il sacerdote e a lui mi rivolgo anche nelle decisioni. Se ho problemi economici mi rivolgo a mamma e a don Luigi. Trovo difficoltà a pagare le bollette.

Come valuti il tuo quartiere?

Il quartiere è come tutti i quartieri, non si può vivere perché non ho una casa, sta cadendo tutto. Una sola stanza in un piano terra.

E come valuti i servizi presenti sul territorio (ad esempio scuola, sanità, trasporti pubblici e le nuove abitazioni che stanno costruendo)?

Solo la scuola buona.

Fai parte di qualche associazione?

No.

Ti è capitato di discutere di politica con gli amici o i parenti?

Non discuto di politica.

Hai mai avuto problemi con la droga?

No, mai.

E con la giustizia?

No, mai.

Cosa pensi della religione? Ti reputi credente?

Sono religiosa ma non troppo.

Quanto è importante per te la religione?

Abbastanza.

Mi parli della casa dove vivi? Com'è?

L'abitazione è in affitto, ho lo sfratto. È un solo vano con un piccolo bagno. La casa è fatiscente, senza luce e pavimenti che si muovono, infatti G., il bimbo di 5 anni si è rotta la gamba per giocare in casa.

Qual è la tua situazione economica?

Non ho nessun reddito, se non i 350 euro che il Comune mi dà al mese.

Ricevi aiuti da qualcuno o da qualche organizzazione?

Sì dal Comune.

Ricevo poi cibo, il pacco di alimenti sempre dalla Chiesa.

Dallo Stato ricevo i libri.

Hai mai chiesto prestiti a qualcuno? Se sì a chi?

Arrivo a fine mese con grande difficoltà, facendo debiti. Non ho chiesto mai prestiti ad amici. Solo a mamma e alla chiesa. Ma non ho mai restituito.

A cosa hai dovuto rinunciare per ristrettezza economica?

Sento la mancanza del cibo e non riesco a pagare le bollette. Del ristorante non mi importa.

Trovo difficoltà ad amministrare la casa. Ho rinunciato a visite mediche per mancanza di soldi o a comprare abiti.

Da cosa riconosci i poveri?

Riconosco i poveri dai vestimenti.

Come pensi si potrebbe risolvere il problema della povertà nel nostro quartiere?

Non so.

Ti sei mai sentita povera?

Sì, tante volte.

Abbiamo concluso. Grazie per la disponibilità.

Donna di 29 anni, sposata e madre di 2 figli

L'intervistata è una frequentatrice della parrocchia. È stata contattata personalmente e si è resa subito disponibile.

Il tono dell'intervista è stato confidenziale e sempre in italiano in quanto la signora è per ora l'unica tra gli intervistati che ha fatto studi più qualificati.

Mi puoi raccontare qualcosa te e della tua storia personale?

Sono del 1977. Sono sposata, da 7 anni, sposata prima al civile e poi in chiesa. Vivo a Forcella da sempre. Sono casalinga, col diploma di maestra elementare.

Con chi vivi?

Vivo con 2 figli piccoli e mio marito del 1978.

Quindi in totale quante persone siete a casa tua?

Il totale di persone che viviamo sotto lo stesso tetto: 4. Io, mio marito e poi i figli di 4 e 5 anni. La casa in cui si vive è in affitto, piccola, due vani più il bagno.

Mi puoi parlare di tuo marito?

Mio marito è del 1978. Mio marito è disoccupato, ha la quinta elementare. Però ha diverse patenti, ha lavorato sempre a nero, prima macellaio, aiutante cuoco, muratore. Ultimamente il prete gli ha trovato lavoro in una ditta di pulman per la raccolta dei rifiuti. Il contratto è stato per pochi mesi, poi tutto torna come prima. È stata la prima volta che mio marito non era a nero. C'è tanta precarietà.

Mi puoi parlare della tua famiglia di origine, in particolare di tuo padre e tua madre?

I miei genitori sono: papà di 52 anni. Diplomato alle scuole superiori. Lavora e fa l'infermiere. La sua casa è in affitto.

Mamma 52 anni, 5ª elementare, casalinga, ed è disabile. Mia madre ha partorito 3 figli.

E poi quanti fratelli e sorelle hai?

Tre in tutto. Ci sono io. Poi M, 25 anni, Università, lavora a nero per mantenersi gli studi. M, 16 anni, scuola superiore.

Mi puoi raccontare il tuo percorso scolastico? Per esempio, quando sei andata a scuola la prima volta e quando hai finito il tuo percorso scolastico?

Sono andata a scuola a tre anni. ho frequentato la scuola materna e l'asilo. Il titolo di studio è Istituto Magistrale. Ho preso 47/60. Mai stata bocciata, solo rimandata.

Ho avuto degli ottimi rapporti con i professori.

Perché hai deciso di proseguire?

Mi piaceva. Anzi, la rimpiango la scuola.

I tuoi genitori hanno ostacolato la tua scelta di proseguire gli studi? Oppure c'è qualcun altro che ha fatto pressione sulla tua scelta?

No, per fortuna.

Che cosa ti ha insegnato la scuola?

Mi ha dato una base istruttiva, educativa.

Hai mai fatto un corso di qualsiasi genere (ad esempio di recupero o di formazione professionale)?

No.

Quale lavoro fai attualmente?

Sono disoccupata, ma ho fatto lavori come doposcuola, babysitter.

Quale lavoro vorresti fare?

Il tipo di lavoro che vorrei fare è insegnare. Il mio sogno è di essere maestra. Ma accetterei altre opportunità di lavoro. Tutti i lavori che ho fatto.

Come ti sei impegnata per cercare lavoro?

Ho chiesto aiuto a parenti, amici e conoscenti e alla parrocchia.

Che cosa saresti disposta a fare in cambio di un lavoro? Per esempio ti trasferiresti per un lavoro?

Andrei anche fuori Napoli per lavorare, è importante che sia sicuro.

Percepisci qualche sussidio?

No.

Ti sei mai rivolta agli assistenti sociali?

No. Dalla Chiesa e dalla famiglia ho ricevuto tutti gli aiuti.

Hai degli amici e chi frequenti nel quartiere?

Le persone che frequento: i parenti. Non ho amici. Vado ad aiutare mamma che è disabile. Non conosco altri se non il prete.

Come passi il tuo tempo libero?

In chiesa e con i parenti.

Se hai problemi a chi ti rivolgi?

A loro, specialmente al prete.

Come valuti il tuo quartiere?

E come valuti i servizi presenti sul territorio (ad esempio scuola, sanità, trasporti pubblici e le nuove abitazioni che stanno costruendo)?

Solo la Chiesa ci accoglie con le sue iniziative. Per il resto non c'è niente.

Fai parte di qualche associazione?

No.

Ti è capitato di discutere di politica con gli amici o i parenti?
No.

Hai mai avuto problemi con la droga?
Mai avuto problemi con la droga.

E con la giustizia?
Neppure con la giustizia.

Cosa pensi della religione? Ti reputi credente?
A proposito con la religione mi definisco credente con riserve. La religione è importante abbastanza. Frequento la chiesa a volte.

Mi parli della casa dove vivi? Com'è?
L'abitazione è in affitto.

Qual è la tua situazione economica?
Non ho reddito. Ho fatto prestiti per pagare bollette e li ho chiesti ai parenti.

Ricevi aiuti da qualcuno o da qualche organizzazione?
Non ricevo sussidi, anzi i sussidi bisogna toglierli e dare il lavoro altrimenti tutto è come prima.

Hai mai chiesto prestiti a qualcuno? Se sì a chi?
Sì, ma non dico da chi.

A cosa hai dovuto rinunciare per ristrettezza economica?
Tante cose.

Da cosa riconosci i poveri?
Riconosco i poveri dai vestimenti.

Come pensi si potrebbe risolvere il problema della povertà nel nostro quartiere?
Aiutare a dare un lavoro

Ti sei mai sentita povera?
Mi sono sentita povera a volte.

Abbiamo concluso. Grazie per la disponibilità.

Donna di 49 anni, sposata e madre di 3 figli

L'intervistata è una frequentatrice della parrocchia. È stata contattata personalmente e si è resa subito disponibile.

Il tono dell'intervista è stato critico in alcuni momenti a causa di alcuni ricordi negativi che emergevano in alcuni punti dell'intervista. E poi un forte pessimismo nel futuro.

Mi puoi raccontare qualcosa di te e della tua storia personale?

Ho 49 anni. Sono sposata e ho tre figli, ma sono stata abbandonata dal 1998. Il mio quartiere è Forcella.

Con chi vivi?

Vivo io, i miei figli e mia sorella. La casa è in affitto con lo sfratto, ma siamo in 5. Come posso fare? Ho lo sfratto per morosità e la devo lasciare il 3 luglio 2006.

Mi puoi parlare di tuo marito?

Di mio marito non voglio parlare. «E isse nun voglio parlà»

Mi puoi parlare della tua famiglia di origine, in particolare di tuo padre e tua madre?

I miei genitori sono morti: papà aveva la 5ª elementare. Era molto intelligente. Aveva un garage e si arrangiava.

Mamma è famosa: M. C., colei che ha ispirato il film di Sofia Loren, «L'oro di Napoli». Pur di non essere arrestata ogni anno faceva un figlio. A casa eravamo 19 figli.

Vendeva le sigarette di contrabbando. Era la famosa contrabbandiera di Forcella. Si viveva bene.

E poi quanti fratelli e sorelle hai?
19 in tutto. Di loro non voglio parlare.

Mi puoi raccontare il tuo percorso scolastico? Per esempio, quando sei andata a scuola la prima volta e quando hai finito il tuo percorso scolastico?
Non sono mai andata a scuola. Stavo sempre a casa.

Perché non hai frequentato neanche le scuole elementari?
Mamma diceva: «Non fa niente, statt a cas». Perciò non ho nessun titolo.

Quindi i tuoi genitori hanno influito sulla tua scelta di non andare a scuola. C'è anche qualcun altro che ha influito su questa scelta?
Solo mia madre pensava che non era importante. Così io stavo in casa e solo dal giorno del mio matrimonio sono andata a lavorare. Sempre per colpa di mio marito che non faceva niente.

Sai leggere e scrivere?
No, so solo mettere la firma.

Hai mai fatto un corso di qualsiasi genere (ad esempio di recupero o di formazione professionale)?
No, mai.

Quale lavoro fai attualmente?
Sono disoccupata. Sono abile al lavoro. Mi arrangio a pulire il Bingo.

Quale lavoro vorresti fare?
Si vive per il pane. I tipi vari di lavori fatti, sempre manuali, non mi hanno dato niente, solo il pane.

Comunque cerco lavoro a Napoli anche se il mio quartiere non offre opportunità di lavoro.

Come ti sei impegnata per cercare lavoro?

Ho chiesto aiuto sempre a parenti, amici e conoscenti. Lo chiedo a tutti. Mi sono rivolta anche ai politici.

Che cosa saresti disposta a fare in cambio di un lavoro? Ad esempio, ti trasferiresti per un lavoro?

Non andrei mai fuori a lavorare perché amo la mia famiglia.

Percepisci qualche sussidio?

Solo dalla Chiesa ho ricevuto aiuti, e ultimamente ho avuto un sussidio di 350 euro al mese grazie alla domanda che mi ha fatto fare don Luigi. Da lui ricevo notizie per la mia sopravvivenza.

Ti sei mai rivolta agli assistenti sociali?

Lo Stato non mi ha mai aiutato. Peggio gli assistenti è come se «non ci fossero»

Hai degli amici e chi frequenti nel quartiere?

Non ho amici.

Come passi il tuo tempo libero?

Non sto a casa.

Se hai problemi a chi ti rivolgi?

Al medico e al prete.

Come valuti il tuo quartiere?

Non positivamente. Ci sono tanti poveri nel mio quartiere e si fa ancora troppo poco. Li riconosco dal modo come si presentano.

E come valuti i servizi presenti sul territorio (ad esempio scuola, sanità, trasporti pubblici e le nuove abitazioni che stanno costruendo)?

Tutto zero per me.

Fai parte di qualche associazione?
No.

Ti è capitato di discutere di politica con gli amici o i parenti?
A volte si discute in famiglia di politica. Così per dire.

Hai mai avuto problemi con la droga?
No.

E con la giustizia?
No.

Cosa pensi della religione? Ti reputi credente?
Sono credente e vado in chiesa.

Mi parli della casa dove vivi? Com'è?
L'abitazione è in affitto, ho lo sfratto. Il 3 luglio devo andare via per forza. La causa è terminata da tempo. Ho avuto tante proroghe, ma nessuna casa ho trovato perché senza reddito nessuno ti dà niente. Per la casa comunale non c'è possibilità perché non c'è il bando e poi perché ci sono davanti a me migliaia ancora di famiglie, alcune da 20 anni che aspettano la casa. È di due vani con la cucina e un bagno. La casa è in palazzo fatiscente.

Qual è la tua situazione economica?
Arrivo a fine mese con grande difficoltà, facendo debiti. Sto in mano agli usurai. Sento la mancanza del cibo e del mancato pagamento delle bollette. I miei figli mi chiedono: mamma stasera mangiamo? Io le rispondo: non domandarmelo.

Ricevi aiuti da qualcuno o da qualche organizzazione?
Ricevo cibo, il pacco di alimenti sempre dalla Chiesa.

Hai mai chiesto prestiti a qualcuno? Se sì a chi?
Trovo difficoltà a restituire i soldi che mi prestano perciò vado in mano agli strozzini della zona.

A cosa hai dovuto rinunciare per ristrettezza economica?

Tutto anche per i figli.

Da cosa riconosci i poveri?

Tante cose.

Come pensi si potrebbe risolvere il problema della povertà nel nostro quartiere?

Il lavoro.

Ti sei mai sentita povera?

Riconosco i poveri da come me. Mi sono sentita povera.

Abbiamo concluso. Grazie per la disponibilità.

Donna di 56 anni, sposata e madre di 2 figli

L'intervistata è una frequentatrice della parrocchia. È stata contattata personalmente e si è resa subito disponibile.

Il tono dell'intervista è stato critico in alcuni momenti a causa di alcuni ricordi negativi che emergevano in alcuni punti dell'intervista. Si è presentata in pigiama e con i segni del duro lavoro nell'accudire la figlia inferma e allettata.

Mi puoi raccontare qualcosa te e della tua storia personale?

Sono nata nel '50. Sono sposata, ma separata consensualmente. Il matrimonio è stato celebrato nel 1970, ma da 14 anni lui non c'è più.

Non lavoro perché sto sempre vicino alla mia figlia che ha bisogno di continue cure perché ho una figlia che tiene problemi.

Con chi vivi?.

Vivo in affitto con mio figlio di 15 anni e la figlia disabile di 33.

Mi puoi parlare di tuo marito?

Il mio ex-marito adesso ha 53 anni. Aveva solo la quinta elementare. Non ha mai lavorato.

Mi puoi parlare della tua famiglia di origine, di tuo padre, tua madre e i tuoi fratelli?

I miei genitori sono morti: papà aveva la 5ª elementare. Aveva 8 figli, tutti viventi. Lavorava al Comune di Napoli.

Mamma era casalinga. A volte vendeva le sigarette per portare la famiglia avanti.

E poi quanti fratelli e sorelle hai?

Ho 7 fratelli. Uno ha 58 anni e ha la quinta elementare, lavora in ospedale. Il secondo ne ha 56 lavora al comune. Poi c'è una sorella di 50 anni che è casalinga. Pure con la quinta elementare. Un altro maschio che ha 48 anni ed è disoccupato. Un altro ha 46 anni e lavora come cameriere. Poi ci sono due femmine che hanno 44 anni e 41 anni, casalinghe.

Mi puoi raccontare il tuo percorso scolastico? Per esempio, quando sei andata a scuola la prima volta e quando hai finito il tuo percorso scolastico?

Ho fatto l'asilo. Ora ho la quinta elementare. La mia maestra era brava, ricordo ancora il cognome.

Perché hai lasciato la scuola dopo la quinta elementare?

Poi ho abbandonato la scuola, essendo tanti a casa c'era la miseria e sono andata a lavorare presto.

I tuoi genitori hanno influito sulla tua scelta di non andare più a scuola? Oppure c'è qualcun altro che ha influito su questa scelta?

Sì, i genitori hanno influito perché c'era la miseria a casa. Era necessario. Mamma mi diceva spesso: «Và a faticà».

Che cosa ti ha insegnato la scuola?

Dalla scuola ho imparato a fare la mia firma solo.

Hai mai fatto un corso di qualsiasi genere (ad esempio di recupero o di formazione professionale)?

No.

Quale lavoro fai attualmente?

Casalinga. Accudisco mia figlia disabile. Non posso cercarlo il lavoro, non avrei tempo anche se ho tanto bisogno. Sono abile al lavoro.

Quale lavoro vorresti fare?
Non ho sogni.

Ti sei mai impegnata per cercare lavoro?
No.

Saresti disposta a fare qualcosa in cambio di un lavoro? Ad esempio, ti trasferiresti per un lavoro?
No. Fuori Napoli non andrei mai perché sono legata alla mia famiglia.

Percepisci qualche sussidio?
Percepisco il sussidio di mia figlia.

Ti sei mai rivolta agli assistenti sociali?
No, solo dalla Chiesa ho avuto. Quando sto in difficoltà chiedo aiuto. Padre Luigi mi paga le bollette.

Hai degli amici e chi frequenti nel quartiere?
Frequento solo un parente. E lo frequento spesso. Non ho amici. Non conosco altri se non il prete e il medico per la mia figlia che non sta molto bene in salute.

Come passi il tuo tempo libero?
Sto con queste persone che ho detto.

Se hai problemi a chi ti rivolgi?
Come valuti il tuo quartiere?
La vita nel mio quartiere la giudico bene, qui ci sono i buoni e i cattivi.

E i servizi presenti sul territorio (ad esempio scuola, sanità, trasporti pubblici e le nuove abitazioni che stanno costruendo)?
Per l'assistenza sociale: scarso. [Mi fa un esempio: vado dall'assistente M. perché ho un problema con mia figlia disabile e mi risponde: Non possiamo fare nulla].
Gli altri servizi pure sono scarsi.

Fai parte di qualche associazione?
No, solo la chiesa.

Ti è capitato di discutere di politica con gli amici o i parenti?
No.

Hai mai avuto problemi con la droga?
No.

E con la giustizia?
No.

Cosa pensi della religione? Ti reputi credente?
Sì, sono credente.

Mi parli della casa dove vivi? Com'è?
L'abitazione è in affitto, è composta da 2 vani, una cucina e il bagno. La casa è in palazzo fatiscente.

Qual è la tua situazione economica?
Arrivo a fine mese con grande difficoltà, facendo debiti. Sto in mano agli usurai. E a volte per non fare altri debiti vado dal prete che mi aiuta sempre.

Ricevi aiuti da qualcuno o da qualche organizzazione?
No

Hai mai chiesto prestiti a qualcuno? Se sì a chi?
Agli usurai.

A cosa hai dovuto rinunciare per ristrettezza economica?
Tutto.

Da cosa riconosci i poveri?
Non saprei.

Come pensi si potrebbe risolvere il problema della povertà nel nostro quartiere?
Per risolvere il problema: costruire case e dare lavoro.

Ti sei mai sentita povera?
Sì.

Abbiamo concluso. Grazie per la disponibilità.

Donna di 35 anni, sposata e madre di 1 figlio

L'intervistata è una frequentatrice della parrocchia. È stata contattata personalmente e si è resa subito disponibile.

Il tono dell'intervista è molto positivo. Anche perché la signora era venuta per darmi notizie del marito che è in carcere dopo che la parrocchia le ha messo a disposizione un avvocato di fiducia. Ho avuto l'impressione di trovarmi di fronte ad una signora preparata seppur solo con la 5ª elementare.

Mi puoi raccontare qualcosa te e della tua storia personale?

Sono nata nel 1971 e vivo a Forcella da sempre. Sono coniugata, perché mi sono sposata da 15 anni. Lavoro a nero facendo le pulizie nelle famiglie.

Con chi vivi?

Vivo in affitto io e mia figlia. Mio marito, ora è in carcere. Quindi siamo solo io e la piccola di 9 anni. Non ho voluto altri figli perché si droga.

Mi puoi parlare di tuo marito?

Il mio marito ha 37 anni. Ha la quinta elementare. Ma ora è disoccupato. Comunque qualche volta lavora. Si droga e per questo oggi è in carcere.

Mi puoi parlare della tua famiglia di origine, di tuo padre, tua madre e i tuoi fratelli?

I miei genitori sono morti: papà aveva la 5ª elementare.

Mamma era casalinga. 5^a elementare. Ho avuto una famiglia ottima, in tutto eravamo sette figli, 3 maschi e 4 femmine.

Mi puoi parlare dei tuoi fratelli?

I maschi hanno 61, 59 e 48 anni. Uno è commerciante, uno ha la quinta elementare ma è detenuto e uno è disoccupato. Mia sorella grande ha 54 anni, la terza media ed è commerciante. Poi ho altre sorelle una disoccupata di 51 anni, un'altra con la terza media di 44 anni e poi io. Sono la più piccola.

Mi puoi raccontare il tuo percorso scolastico? Per esempio, quando sei andata a scuola la prima volta e quando hai finito il tuo percorso scolastico?

Ho fatto le elementari e prima a tre anni ho fatto la materna e l'asilo. Ho preso la licenza elementare, ma non ricordo la votazione.

Perché hai lasciato la scuola dopo la quinta elementare?

Sono andata via dalla scuola perché era il periodo del terremoto.

I tuoi genitori hanno influito sulla tua scelta di non andare più a scuola? Oppure c'è qualcun altro che ha influito su questa scelta?

No, nessuno.

Che cosa ti ha insegnato la scuola?

Ero minorenne e non ricordo bene

Hai mai fatto un corso di qualsiasi genere (ad esempio di recupero o di formazione professionale)?

No, mai.

Quale lavoro fai attualmente?

Lavoro a nero come domestica.

Quale lavoro vorresti fare?

Sto cercando una impresa di pulizie.

Come ti sei impegnata per cercare lavoro?

Ho mobilitato solo familiari ed amici per il lavoro. Non ho avuto bisogno di fare altro.

Che cosa saresti disposta a fare in cambio di un lavoro? Ad esempio ti trasferiresti per un lavoro?

Non andrei mai fuori a lavorare, il perché non lo so.

Percepisci qualche sussidio?

No.

Ti sei mai rivolta agli assistenti sociali?

Non ho mai avuto rapporti con gli assistenti sociali.

Hai degli amici e chi frequenti nel quartiere?

Non frequento nessuno perché ho paura, sono sempre sola seppur giovane.

Come passi il tuo tempo libero?

Sto in casa perché mio marito è geloso

Se hai problemi a chi ti rivolgi?

Proprio in questo mese avevo bisogno di una avvocato e padre Luigi mi ha aiutato.

Come valuti il tuo quartiere?

Qui si muore a 14 anni come è accaduto ad Annalisa Durante nel 2004.

E i servizi presenti sul territorio (ad esempio scuola, sanità, trasporti pubblici e le nuove abitazioni che stanno costruendo)?

Non c'è niente, né cinema, né luoghi di ritrovo. I servizi sono pessimi.

Fai parte di qualche associazione?

No.

Ti è capitato di discutere di politica con gli amici o i parenti?

No, mai.

Hai mai avuto problemi con la droga?

No, io no.

E con la giustizia?
Neppure.

Cosa pensi della religione? Ti reputi credente?
È importante Dio. Vado in Chiesa.

Mi parli della casa dove vivi? Com'è?
L'abitazione è in affitto, è composta da 3 vani, una cucina e il bagno. È in buone condizioni.

Qual è la tua situazione economica?
Non ho reddito, perciò arrivo a fine mese con grande difficoltà, facendo debiti. E a volte per non fare altri debiti vado dal prete che mi aiuta sempre, specie per pagare le bollette. Trovo sempre difficoltà nel pagarle.

Ricevi aiuti da qualcuno o da qualche organizzazione?
No, solo la chiesa mi aiuta a pagare le bollette.

Hai mai chiesto prestiti a qualcuno? Se sì a chi?
Sì a volte.

A cosa hai dovuto rinunciare per ristrettezza economica?
Sento la mancanza di comprarmi un vestito o di non poter fare quello che fanno gli altri. Ho imparato a rinunciare a tante cose.

Da cosa riconosci i poveri?
Da come vivono.

Come pensi si potrebbe risolvere il problema della povertà nel nostro quartiere?
Ci sono tante cose da fare. Per togliere la povertà a Forcella, bisogna dare lavoro.

Ti sei mai sentita povera?
Mi sono sentita povera, sempre.

Abbiamo concluso. Grazie per la disponibilità.

Donna di 29 anni, sposata e madre di 2 figli

L'intervistata è una frequentatrice della parrocchia. È stata contattata personalmente e si è resa subito disponibile.

Il tono dell'intervista è stato cordiale, è stata scelta la strada perché avendo dei bambini piccoli e il padre a casa ammalato è sembrato opportuno intervistarla così.

Mi puoi raccontare qualcosa te e della tua storia personale? Quando sei nata e dove hai vissuto?

Sono nata nel 1977 a Forcella. Sono sposata da 9 anni.

Con chi vivi?

Siamo 4. Mio marito, che ora è in carcere, io e due piccoli di 4 e di 9 anni.

La casa in cui si vive è in affitto.

Mi puoi parlare di tuo marito?

Mio marito ha 33 anni. È stato arrestato per droga. Ha la quinta elementare, ma è disoccupato. Si arrangiava a portare la droga in macchina e poi è stato arrestato. Perché è difficile trovare lavoro qui.

Mi puoi parlare della tua famiglia di origine, di tuo padre, tua madre e i tuoi fratelli?

I miei genitori sono: papà di 51 anni, ammalato cronico, 5ª elementare, ha gravi problemi di salute, non ha mai lavorato.

Mamma di 46 anni, casalinga. La mia famiglia ricordo che è stata sempre povera, sempre privi di tutto. Mamma ha fatto la Scuola Magistrale.

E poi quanti fratelli e sorelle hai?

A casa eravamo solo due figli. Io e mio fratello di 23 anni, ha la quinta elementare. È disoccupato, sposato e con un figlio

Mi puoi raccontare il tuo percorso scolastico? Per esempio, quando sei andata a scuola la prima volta e quando hai finito il tuo percorso scolastico?

Sono andata a scuola a tre anni. Ho fatto la materna e l'asilo. Poi ho finito con la quinta elementare.

Perché hai lasciato la scuola dopo la quinta elementare?

Avevo dei buoni rapporti con gli insegnanti e i compagni, però ero terribile. Sono andata via dalla scuola perché ero terribile. Mi hanno cacciato dalla scuola.

Dopo la scuola sono andata a fare la commessa in negozio di abbigliamento. Mi arrangiavo per portare avanti la famiglia.

I tuoi genitori hanno influito sulla tua scelta di non andare più a scuola? Oppure c'è qualcun altro che ha influito su questa scelta?

Nessuno, solo che mi hanno cacciato.

Che cosa ti ha insegnato la scuola?

A stare con gli altri.

Hai mai fatto un corso di qualsiasi genere (ad esempio di recupero o di formazione professionale)?

No.

Quale lavoro fai attualmente?

Sono disoccupata.

Quale lavoro vorresti fare?

Non so. Sto cercando una impresa di pulizie o qualsiasi.

Come ti sei impegnata per cercare lavoro?

Non mi è mai venuto in mente niente.

Che cosa saresti disposta a fare in cambio di un lavoro?

Andrei fuori a lavorare solo per stare lontano da mio marito.

Percepisci qualche sussidio?

Non percepisco nessun sussidio.

Ti sei mai rivolta agli assistenti sociali?

No, per la scuola mai. Solo ora che mio marito è andato in carcere li ho visti.

Hai degli amici e chi frequenti nel quartiere?

Ho i soliti amici.

Come passi il tuo tempo libero?

Ballando e uscendo nei locali

Se hai problemi a chi ti rivolgi?

Papà per me è importante. Anche se solo per darmi consigli. Per problemi economici mi rivolgo alla chiesa.

Come valuti il tuo quartiere?

Non c'è futuro per questo quartiere. Qui si muore, si spaccia, non c'è vita. Non ci sono luoghi di aggregazione. L'unica frontiera è solo la chiesa, anzi «padre Luigi».

E i servizi presenti sul territorio (ad esempio scuola, sanità, trasporti pubblici e le nuove abitazioni che stanno costruendo)?

Non ci sono, praticamente assenti.

Fai parte di qualche associazione?

Non faccio parte di nessuna associazione. Vado spesso volta in chiesa e dai miei parenti.

Ti è capitato di discutere di politica con gli amici o i parenti?

Non si discute mai in famiglia di politica.

Hai mai avuto problemi con la droga?
No, solo mio marito.

E con la giustizia?
Neppure, solo mio marito.

Cosa pensi della religione? Ti reputi credente?
Sono credente e credo in Dio. Vado in chiesa spesso.

Mi parli della casa dove vivi? Com'è?
L'abitazione è in affitto, è composta da 2 vani, una cucina e il bagno. È in cattive condizioni, se ne cade a pezzi. È il problema di tutti i palazzi del centro storico di Napoli. Non c'è una politica per renderli più belli e vivibili.

Qual è la tua situazione economica?
Non ho reddito, perciò arrivo a fine mese con grande difficoltà, facendo debiti. E a volte per non fare altri debiti vado dal prete che mi aiuta sempre.

Ricevi aiuti da qualcuno o da qualche organizzazione?
Solo dalla chiesa.

Hai mai chiesto prestiti a qualcuno? Se sì a chi?
Faccio debiti con tutti quelli che conosco.

A cosa hai dovuto rinunciare per ristrettezza economica?
A tante cose.

Da cosa riconosci i poveri?
Li riconosco dal modo come vivono.

Come pensi si potrebbe risolvere il problema della povertà nel nostro quartiere?
Non so.

Ti sei mai sentita povera?
Mi sono sentita povera perché non posso comprare certe cose.

Abbiamo concluso. Grazie per la disponibilità.

Donna di 23 anni, sposata e madre di 5 figli

L'intervistata è una frequentante della parrocchia. È stata contattata personalmente e si è resa subito disponibile.

Il tono dell'intervista è stato cordiale, anche se difficile nel realizzare l'intervista in quanto la signora era circondata dai suoi pargoli e tante volte ci si distraeva.

Mi puoi raccontare qualcosa te e della tua storia personale? Quando sei nata e dove hai vissuto?

Sono di Napoli. Sono nata qui nel 1983.

Sei sposata?

Sì, sono sposata da 7 anni.

Con chi vivi?

Mio marito che è in carcere e cinque piccoli dai tre mesi ai 6 anni.

La casa in cui viviamo è in affitto e con lo sfratto.

Quindi in totale quante persone siete a casa tua?

Siamo 7.

Mi puoi parlare di tuo marito?

Mio marito ha 31 anni, 5ª elementare. Lavorava a nero presso un supermercato. Oggi sta in carcere per rapina. Lo faceva per sfamare i bambini.

Mi puoi parlare della tua famiglia di origine, di tuo padre, tua madre e i tuoi fratelli?

I miei genitori sono: papà di 50 anni, 5ª elementare, disoccupato, si è sempre arrangiato a lavorare. Eravamo poveri, questo ricordo. Anche lui viene da una famiglia numerosa, 10 figli. Abbiamo cambiato più volte casa per sfratto per morosità.

Mamma di 48 anni, casalinga, 3ª elementare.

E poi quanti fratelli e sorelle hai?

Nella mia famiglia siamo in tre, compresa io. Uno di 30 anni, e con la quinta elementare, sta in carcere. Poi una sorella di 25 anni. Ha la quinta pure lei, è casalinga ed è sposata.

Mi puoi raccontare il tuo percorso scolastico? Per esempio, quando sei andata a scuola la prima volta e quando hai finito il tuo percorso scolastico?

Sono andata a scuola a cinque anni. Ho fatto la materna.

Poi sono andata a scuola fino alla quinta elementare. Ho fatto l'esame, ma non ricordo la votazione.

Perché hai lasciato la scuola dopo la quinta elementare?

Erano brutti i rapporti con gli insegnanti. Sono andata via dalla scuola perché non trovavo dialogo. Mi ricordo che l'insegnante si vantava che era severa e che bocciava. Infatti sono stata bocciata alla terza.

I tuoi genitori hanno influito sulla tua scelta di non andare più a scuola? Oppure c'è qualcun altro che ha influito su questa scelta?

Sì, i miei genitori hanno influito nell'abbandonare la scuola: andavo a lavorare in salumeria per necessità economica. E quindi basta.

Che cosa ti ha insegnato la scuola?

Non lo so.

Hai mai fatto un corso di qualsiasi genere (ad esempio di recupero o di formazione professionale)?

No, mai.

Quale lavoro fai attualmente?

Sono casalinga. Sono abile al lavoro, ma non potrei andare a lavoro perché ho 5 figli da accudire. Non ho mai tentato nessuna attività anche perché non ci sono soldi.

Quale lavoro vorresti fare?

Nessuno. Non cerco lavoro. Comunque la mia città non offre opportunità di lavoro.

Come ti sei impegnata per cercare lavoro?

Non ho mai fatto niente: non ho mobilitato familiari ed amici per il lavoro. Non mi sono rivolta mai al sindacato, né ai politici, ne agenzie, né fatto concorsi, né ad inserzioni. Né ho mai presentato domande di assunzioni.

Che cosa saresti disposta a fare in cambio di un lavoro? Ad esempio, ti trasferiresti per un lavoro?

Non andrei mai fuori a lavorare. I miei familiari stanno a Napoli.

Percepisci qualche sussidio?

Non percepisco nessun sussidio.

Ti sei mai rivolta agli assistenti sociali?

Non ho mai avuto rapporti con gli assistenti sociali, solo ora che mio marito è andato in carcere. Ogni tanto vengono per vedere i bambini. E poi basta.

Hai degli amici e chi frequenti nel quartiere?

Pochi.

Come passi il tuo tempo libero?

Con i familiari e i figli.

Se hai problemi a chi ti rivolgi?

A don Luigi.

Come valuti il tuo quartiere

Non c'è futuro per questo quartiere. Qui si spaccia davanti ai bambini, non c'è vita. Non ci sono luoghi di aggregazione. L'unica speranza è solo la chiesa.

Vado in chiesa per sentire una parola di conforto.

E i servizi presenti sul territorio (ad esempio scuola, sanità, trasporti pubblici e le nuove abitazioni che stanno costruendo)?

I servizi sul territorio? Tutto scarso. Per il tempo libero non c'è niente, né cinema né luoghi di ritrovo.

Se uno ha bisogno va in Chiesa.

Fai parte di qualche associazione?

Non faccio parte di nessuna associazione. Vado in chiesa.

Ti è capitato di discutere di politica con gli amici o i parenti?

Non si discute mai in famiglia di politica.

Hai mai avuto problemi con la droga?

No, solo mio marito.

E con la giustizia?

Solo mio marito ma per la sua rapina.

Cosa pensi della religione? Ti reputi credente?

Sono credente, ma non vado spesso in chiesa.

Mi parli della casa dove vivi? Com'è?

L'abitazione è in affitto, con lo sfratto per morosità: è composta da 2 vani, una cucina e il bagno. È in cattive condizioni, senza illuminazione.

Qual è la tua situazione economica?

Non ho reddito, perciò arrivo a fine mese con grande difficoltà, facendo debiti. Chiedo spesso il cibo per mangiare alla chiesa.

Ricevi aiuti da qualcuno o da qualche organizzazione?

Non essendo mio marito parte di una vera organizzazione non abbiamo lo stipendio dalla camorra.

Solo la chiesa ci aiuta ogni tanto.

Hai mai chiesto prestiti a qualcuno? Se sì a chi?

Solo a familiari.

A cosa hai dovuto rinunciare per ristrettezza economica?

Ho imparato a rinunciare a tante cose.

Da cosa riconosci i poveri?

Ci sono tanti poveri e li riconosco dal modo come vivono.

Come pensi si potrebbe risolvere il problema della povertà nel nostro quartiere?

Per togliere la povertà a Forcella, bisogna dare lavoro.

Ti sei mai sentita povera?

Mi sono sentita povera, non puoi permetterti niente neppure di portare i bambini fuori.

Abbiamo concluso. Grazie per la disponibilità.

Dott.ssa Amelia Cocozza
responsabile del servizio sociale sul territorio di Forcella

L'intervista è stata svolta il giorno 14 luglio alle ore 12,45 presso l'ufficio di competenza dei Servizi Sociali del Territorio, Via Poerio in Napoli.

Mi può parlare della sua attività nel quartiere di Forcella?

Io non mi occupo solo di Forcella, o meglio della zona di Forcella, ma di Mercato-Pendino, una zona abbastanza estesa. Nella città questa zona non è tra i quartieri più affollati o più grandi. Ora si allarga in estensione perché da poco sono nate le municipalità. E Forcella fa parte della 2 Municipalità, non più 25.000 abitanti, ma si occuperà di una popolazione di 100 mila abitanti. Con il gruppo di ascolto ad alto livello tra ASL, Ministero di grazia e giustizia, terzo settore, scuole, ci incontriamo due volte al mese da più di un anno per lavorare insieme e stiamo avendo già i primi risultati. Per quanto riguarda Forcella ci occupiamo non solo dei ragazzi, ma anche degli anziani e dei disabili. Assistenza domiciliare.

Di quanti anziani vi occupate?

Non ti so dire. Gli anziani in tutto sono una trentina. Di Forcella uno solo. Uno dei motivi è che la popolazione di Forcella è su un'età media di 30 anni e poi perché non abbiamo molti servizi di anziani in quanto abbiamo un serio problema di tagli, sia dallo Stato che dall'amministrazione locale. Molti sono in graduatoria, sono 32, disabili e anziani. Forse li immettiamo a fine anno nel servizio. Perché? La risposta è "zero" data dall'amministrazione. Difficile dare una risposta immediata ai bisogni della gente. Quella sanitaria la dà subito, deve rispondere. Noi no. Perché il Comune non è un servizio emergenziale, pur se il servizio sociale lavora sulla emergenza.

Poi si lavora sulla dispersione scolastica. Qui ho solo due tutor. Non posso aiutarli solo con due tutor. I laboratori educativi-territoriali sono troppo pochi rispetto all'esigenza di un sostegno alle famiglie sul territorio. Loro possono venire qui per un ascolto, per un consiglio. Ci sentiamo bloccati rispetto a questa cosa. Per aiutarli abbiamo bisogno di abbastanza tempo per cercare al di fuori del quartiere delle possibilità di sostegno.

Quale punto di vista ha maturato in base alla sua esperienza professionale in relazione al quartiere di Forcella?

Gli anziani sul quartiere abitano all'ultimo piano, si sentono esclusi, non hanno il basso o una piazza, il cortile per parlare, interagire. Hanno tante barriere architettoniche. Sono isolati. Manca un luogo di aggregazione. Non c'è una villa per cantare, ballare. Il mio sogno sarebbe stato avere l'ex-cinema Italia. Sono sei locali, spazio grandissimo; in questo spazio si potrebbe fare un centro di aggregazione anziani aperto anche ai giovani. Noi abbiamo anziani che hanno lavorato il legno, il metallo, hanno fatto i pescatori, gli idraulici, queste cose trasmetterle ai ragazzi, raccontare come si viveva nel quartiere. Questo è un sogno che desideravo che qualcuno lo prendesse per fare ciò che ho detto. Ma è un sogno che è ancora fermo. Un centro di aggregazione per tutto il quartiere dove non c'è piazza, non c'è verde, un campo giochi. Averlo questo spazio significa uscire da questa esclusione sociale. Trasmettere qui il sano del quartiere. Qui c'erano gli operai dell'ex-zona industriale o del borgo degli orefici, abbiamo persone disponibili ad insegnare la lavorazione del metallo e dell'oro. Utilizzare questi anziani chiusi in stanze per i ragazzi del quartiere. Farli incontrare con i giovani. Così gli anziani non si sentono più inutili. Recuperare lavori che si facevano e ora non ci sono più.

Voglio precisare anche un'altra cosa. Da noi vengono solo i disagiati. E noi siamo visti coloro che tolgono i figli, siamo le cattive, quelle che lavorano con il tribunale. I conflitti familiari o scolastici da noi non devono arrivare, siamo le cattive. Poi se acquistano fiducia si instaura con noi un ottimo rapporto. Le scuole non aiutano quando dicono: Io chiamo gli assistenti sociali, e poi vi faccio «a vedè». Spesso litighiamo con gli insegnanti. Noi siamo disponibili alla collaborazione con le scuole. Con alcune lo stiamo facendo. Il rapporto diventa più privilegiato. Questo aiuta a non fare la segnalazione di evasione perché recuperiamo prima il rapporto con l'alunno. Facendoci aiutare anche dall'unità di psicologia clinica per cacciare fuori le loro problematiche e le loro difficoltà.

Ci aiutano sul territorio le suore di Vico Paparelle e una associazione che sta fuori territorio, di Peppe Marmo, che ha una palestra che accoglie tanti giovani.

Le famiglie che vengono da noi sono «famiglie misere», nel senso non solo di miseria materiale di reddito, ma anche nel senso che hanno perso i valori. Sono persone che hanno perso i contatti con la legalità, c'è un atteggiamento illegale diffuso, quasi un loro credo. Vengono i figli dei detenuti, persone senza lavoro o che dicono di non averlo.

La criticità è lavorare soli senza un'amministrazione vicina e dove non ci sono luoghi di aggregazione. Ultimamente si sta lavorando in rete con l'ASL Napoli 1, il comune di Napoli, con le scuole del territorio. Un progetto per i ragazzi e per le famiglie. Uno sportello per loro anche on line.

Dalle interviste svolte per il lavoro di tesi alle famiglie in difficoltà ho notato che molti hanno soltanto la licenza elementare. Perché secondo lei?

La questione è che la scuola è vista come luogo di parcheggio. Questi ragazzi bisogna "toglierli davanti". E poi perché i genitori credono che la scuola non serve a niente, è una perdita di tempo. Imparano solo quattro "scippi".

E poi la colpa è che queste scuole sul territorio hanno avuto insegnanti di passaggio. I bambini hanno visto continuamente insegnanti nuovi. Cambiano continuamente. Insegnanti dopo un mese in malattia. I ragazzi non vedono il modello scuola da identificare perché la maestra è di passaggio.

E poi la scuola ci fa la segnalazione a fine maggio, quando è troppo tardi. Invece il discorso di recupero scolastico bisogna farlo prima, all'inizio dell'anno.

Questa spirale negativa non aiuta neppure la famiglia perché senza il titolo di studio spesso le mamme non sanno presentare neppure una domanda di aiuto. Non sanno dove firmare, alcune hanno perso un sostegno perché non sapevano dove mettere la firma.

Sempre in base alla sua esperienza professionale, mi può raccontare come vede l'opera della parrocchia a Forcella?

La mia è solo criticità. Io non ho nessun rapporto con la parrocchia di Forcella. La parrocchia come istituzione, con il parroco e la sua organizzazione parrocchiale. Vuoi per gli orari diversi. La parrocchia ha attività al pomeriggio, io assistente sto al mattino. Vuoi perché non c'è stato mai nessun rapporto, solo dopo la morte di Annalisa.

Ho rapporto con le suore del vico Paparelle perché queste suore non prendono il minore, ma l'intero nucleo familiare. Loro seguono molto il padre e la madre. Sono di sostegno a questi ragazzi. Anzi voglio dire che non sono stati mai rapporti. Mai incontrati progettualmente tutte e due. Incontrati solo per segnalazioni negative. Non mi ha aiutato la parrocchia quando sono stata cacciata dal quartiere. Stavo in due piccole stanzette, senza privacy e senza tutela per gli assistenti. Tutti raccontavano davanti a tutti. Me ne sono andata e oggi ho ottenuto queste stanze. Ma questo non è il quartiere Mercato-Pendino. Questo è San Lorenzo. Il servizio sociale o meglio l'ufficio di cittadinanza non sta nel quartiere.

Tu potevi nella tua forza e la tua luce aiutarmi. Qui stiamo vicino ad un cinema a luci rosse con la prostituzione giù e molti si vergognano di venire da noi. E chi lo sa questo? Nessuno. Bisognava che qualcuno alzasse la voce. Quando tu ti sei incontrato col sindaco dopo la morte di Annalisa hai chiamato la scuola e non me.

Vorrei oggi collaborare con te. Due volte al mese parlare con le mamme e fare attività di sportello di ascolto e far capire che gli assistenti sociali sono delle persone, delle professioniste che possono aiutare e sostenere le famiglie in determinate situazioni. La parrocchia e i servizi sociali, in questo modo possono essere un punto di forza, pensare e progettare insieme, presentarlo alle amministrazioni che poi ci devono sostenere.

Prof.ssa Fernanda Tuccillo
preside della scuola «Ristori-Durante»

L'intervista è stata svolta il giorno 14 luglio alle ore 14,30 presso la scuola «Ristori-Durante», in Via D'Alagni in Napoli.

Mi può parlare della sua attività nel quartiere di Forcella?

Io sto qui da 4 anni. Prima di iniziare a capire cosa fare nella scuola, ho fatto un'analisi della situazione sia dei bambini iscritti sia del livello delle programmazione dei tratti fondamentali dei bambini. Dopo il primo anno era una situazione variabile. Le famiglie non partecipavano alle attività della scuola, ma volevano avere degli indirizzi dalla scuola essendo molto giovani. Ad esempio sul terremoto non vengono, sull'educazione alimentare vengono.

Così ho aperto la scuola al territorio. Questo ha cambiato il mio modo di fare scuola. Attività che regolamentino la loro vita, il rispetto delle regole, migliorare la cultura, l'intelligenza. Il mio collegio ha condiviso. Lavorare per il disperso ma anche lavorare per il migliore, curare cioè l'eccellenza. Il bambino che va a scuola deve essere gratificato. Deve andare avanti. Portare tutti ad una scuola di qualità.

Vedi, questa è una presidenza con orari e limiti. Qui i genitori vengono sempre, e posso dire che qui dentro i genitori si aprono, hanno bisogno di indirizzi, di informazione, che debbo fare… Questo la dice lunga. Perché Forcella, a differenza di altri quartieri, ha due cose ancora; la prima è il rispetto per la scuola; la scuola rappresenta ancora un'autorità nel quartiere.

La seconda cosa è che loro hanno ancora un'organizzazione familiare che li salva. C'è la mamma, la zia, la nonna, famiglia allargata che interviene nell'educazione. Questo è da una parte positivo: se una mamma non sta bene c'è chi ti aiuta. Dall'altra negativa: i bambini hanno vari modelli e non sanno identificarli. Dunque un quartiere che sembra superficiale. Però le ferite ce l'ha dentro, profonde, è anche diffidente. Prima di darti la fiducia ci vuole tempo. Per quanto riguarda i bambini di Forcella, essi sono bambini uguali agli altri, vivaci. La mia scuola ha fatto la scelta di lavorare su di loro e attraverso loro sui genitori.

Un esempio: una bambina cicciotella alla nostra scuola "Durante". Abbiamo chiamato la mamma. Ha 4 anni e mezzo. Abbiamo detto di mandarla dal dietologo. Oggi è venuta da me e ha detto: "Preside, la bambina è dimagrita 1 kg e 800, e adesso incomincia ad avere una alimentazione giusta". È stata dura, ma poi la famiglia ha capito e ha cambiato il suo stile di vita. La famiglia tante volte qui nel quartiere ha bisogno di indirizzi. Forse non competeva alla scuola. Competeva al dottore di famiglia. Competeva al distretto sanitario.

C'è un'altra criticità: una rete di connivenza, di delinquenza. C'è l'amica, la dirimpettaia, che sta accanto a te che fa usura; sono le mamme dei miei bambini che danno i soldi alle altre mamme. Come risolvere questi problemi? Difficile. Non possiamo fare niente.

Sempre in base alla sua esperienza professionale, mi può raccontare come vede l'opera della parrocchia a Forcella?

La parrocchia è un punto di riferimento. La gente chiede, un via vai continuo, la gente ha bisogno. È sempre più esigente perché nella parrocchia ha trovato disponibilità, accoglienza, alza il tiro delle richieste. Questo poi diventa il punto debole: perché non ce la si fa più. Da una parte organizzare il catechismo, dall'altra attività alternative: laboratori, doposcuola, teatro. Tutto questo la fa "scoppiare". Voglio essere compresa: diventa oneroso assecondare tutte le richieste. Spesso vengono in una ottica di assistenzialismo, tipica della nostra città e del meridione. Ma bisogna anche dire delle ricadute che hanno avuto le attività della parrocchia nella scuola e, penso, viceversa. Tante cose fatte insieme. Lezioni di legalità e rispetto dell'ambiente. Attività di teatro e di recitazione. La parrocchia svolge le attività a favore dei bambini, che aumentano la loro intelligenza, il loro spirito di criticità. Questo ricade nella scuola. Il bambino è più attento, più svelto, più capace di porre problemi. E viceversa nella parrocchia. Questo aumenta l'offerta di cultura, formativa dei nostri bambini.

Dalle interviste svolte per il lavoro di tesi alle famiglie in difficoltà ho notato che molti hanno soltanto la licenza elementare. Perché secondo lei?

Da una parte c'è una popolazione giovane che ha solo la 5ª elementare perché la media qui c'era, era la Pisacane, ma è andata "persa". Ha visto poi un succedersi di presidi poco motivati, incaricati, per cui con tutte le docenze, è stato un scarso apporto. Andavano via in continuazione.

Come sono a suo avviso i rapporti che la parrocchia ha con le altre istituzioni sul territorio?
E poi quali sono secondo lei i punti di forza e punti di debolezza della parrocchia?

La parrocchia deve superare l'emergenza, si deve "sedere" insieme ai servizi, alla scuola, alle suore, e programmare e progettare per il territorio. Il suo ruolo di emergenza è finito. Creare un sito e dirci le cose. Sulle istituzioni territoriali la parrocchia ha un buon rapporto, è autorevole, decisivo. È debole perché c'è solo lei. La parrocchia ha fatto tanto ma ora bisogna mirare più alto, ma insieme. Altrimenti non ce la si fa più.

Le cooperative, il marchio Forcella lo dobbiamo fare insieme. Forcella aiuta Forcella, non aspettiamoci molto dagli altri se non dagli attori presenti sul territorio.

Don Luigi Merola ha 34 anni ed è stato ordinato sacerdote nel 1997.

Laureato in teologia e specializzato in teologia spirituale, deve discutere la tesi di dottorato a giugno 2007. Si è laureato in scienze de servizio sociale presso l'Università Telematica "Guglielmo Marconi" di Roma.

Da oltre sei anni è impegnato pastoralmente nel quartiere di Forcella ed è parroco dal 2004. Dopo la tragica morte di Annalisa Durante, per il suo impegno a favore della legalità e del riscatto di Forcella don Luigi vive sotto scorta per motivi di sicurezza.

La sua attività è rivolta da sempre, in particolare, ai bambini del quartiere, che ritrovano la parrocchia come unico punto di aggregazione e alternativa alla strada. Ha organizzato per loro laboratori di teatro, ballo, canto e anche un corso di alfabetizzazione informatica.

Nel 2005 e nel 2006, ha promosso insieme con l'Associazione "Percorsi di fratenità", un corso di Educazione Civica sulla Legalità, che ha visto il coinvolgimento di molte realtà associative e del volontariato e si è svolto proprio nella Scuola del quartiere.

Ha promosso la costituzione dell'Associazione "Annalisa Durante", alla quale hanno aderito numerose associazionii e personalità.

Ha ricevuto vari riconoscimenti, tra cui quello del "Rotary club internazionale", il Premio "Chiavi del sorriso" della Fondazione Unipol, il Premio dell'Associazione Libri Italiani, la "medaglia della carità", dell'Associazione "Elena di Savoia".

Ha ricevuto nel novembre del 2005 dall'allora Presidente della Camera, Pierferdinando Casini, il premio "paladino d'infanzia", per il suo lavoro a favore dei bambini di Forcella.

Dal maggio del 2005 è opinionista del quotidiano "La Repubblica, edizione dela Campania".

È stato chiamato a far parte nell'ottobre del 2006, dal Ministro della Pubblica Istruzione Giuseppe Fioroni, del Comitato nazionale su "scuola e legalità".

Collabora con la Facoltà di Sociologia dell'Università Federico II di Napoli, per la valutazione e il monitoraggio di progetti europei in tema di sicurezza.

Finito di stampare
nel mese di luglio 2007
ARTI GRAFICHE SOLIMENE
Casoria - Napoli